做幸福的教师

ZUO XINGFU DE JIAOSHI

陶继新◎著

著名教育学者陶继新最新力作　生命感悟与名师案例相映成趣

齊魯書社

图书在版编目(CIP)数据

做幸福的教师 / 陶继新著. -- 济南 ：齐鲁书社，2018. 8

ISBN 978-7-5333-3982-1

Ⅰ. ①做… Ⅱ. ①陶… Ⅲ. ①教师—修养 Ⅳ. ①G451. 6

中国版本图书馆 CIP 数据核字(2018)第 167095 号

做幸福的教师

ZUO XINGFU DE JIAOSHI

陶继新 著

主管单位	山东出版传媒股份有限公司
出版发行	齊魯書社
社　　址	济南市英雄山路 189 号
邮　　编	250002
网　　址	www. qlss. com. cn
电子邮箱	qilupress@ 126. com
营销中心	(0531)82098521　82098519
印　　刷	山东金坐标印务有限责任公司
开　　本	710mm × 1020mm　1/16
印　　张	17. 5
插　　页	2
字　　数	207 千
版　　次	2018 年 8 月第 1 版
印　　次	2018 年 8 月第 1 次印刷
标准书号	ISBN 978 – 7 – 5333 – 3982 – 1
定　　价	**42. 00 元**

自 序

上小学和初中的时候，我是个欲言还休的学生。那个时候，如果说我将来会在全国很多地方讲演，肯定不会有人相信。由此看来，人是不断发展且能改变自身命运走向的。

那么，能使我比较从容地在全国很多讲坛上演说的内在因素是什么呢？我想，这也许是不少人想要了解的一个问题吧！

第一，要有一定的文化积淀。我没能上名牌大学，不过不是因为高考成绩不佳，相反，我考得非常好，但是因为“政审”问题，在别的学生已经入学一个月后，我才被补招到济宁师专。当我穿着一身破旧且满是泥土的粗布衣服走进这所学校78级中文班的时候，好多学生像看怪物一样地审视着我。但是我一点儿也不自卑，因为我相信自己的文化实力。在我的记忆里，我从没有和书疏离过。即使在农村没白没黑地干着苦活，在异地寒风凛冽中拉着排车行走，我都是与书为伴、以读为乐的。读书成了生活的必需，甚至成了我的审美追求。特别是高品位的阅读，尤其是背诵，几乎从来没有停止过。甚至每年除夕的白天与初一下午，我也都是在办公室里学习与写作中度过的。而且，我还会在每天早晨与晚上，抽出一定的时间阅读与背诵经典。

重复他人的话语，无异于鹦鹉学舌；经由文化积淀而形成的思想，才是生命的活水。文化的不断积累，使我在不知不觉中构建了属于自己的话语系统。所以，我在不同地方、不同时间做同一个题目的报告时，都不是对上一次报告内容的重复，而是多有即兴的话语以及超越既往的思考。有的老师曾经连续四五次听了我的同一报告，过后惊诧不已地说："怎么每次听都有变化啊！"其实，变化的背后，是我每天读书有所收获之后的必然结果。我经常说："今天的陶继新，一定超过昨天的陶继新；明天的陶继新，一定超过今天的陶继新！"生命不是对既有状态的重复，讲演亦然。只有在不断的自我超越中，才能常讲常新，越讲越有品位。

第二，要有丰富的生活阅历。古人主张"读万卷书，行万里路"，之所以将这两者并列起来，并不是没有道理的。"行万里路"，是指有超越常人的经历，尤其是特别艰辛的经历，有的时候，还有近乎生死般的磨难。这种特殊的人生经历，可以锤炼出百折不挠的人、永不言败的人、充满自信的人！对讲演而言，这是一种隐性的力量，外化出来就会是一道特殊的风景。比如，不管在什么场合，不管面对什么样的听众，不管我此前多么劳累，我都会充满自信、精神饱满地走上讲坛。这种自信，如行云流水一样，出诸胸臆，显诸言语，从而对听众投注一种思想的力量。我之所讲，不是就事论事，比如讲读书，其间定然有超越于一般读书收获之上的东西，比如关于我几乎死里逃生之后的生命感悟。

由于出身卑微，历经了太多苦难，所以，不管取得多么骄人的成绩，不管遇到多么热烈的赞扬，我的内心深处都有一个徘徊不去的声音——我当过农民，甚至连一般的农民的权利都被剥夺过。所以，我永远不会得意忘形，成绩越大，越是严格要求自己。在一般人看来，我甚至有点谦卑，但是，我又感到本该如此。因为我血液里流淌的是“吾少也贱”的情结，我愿意以内心的谦卑来对待每一个面对我的人。在我的心里，人无高下，灵魂皆为高贵，“三人行，必有我师焉”。

第三，一定要道法自然。老子说：“人法地，地法天，天法道，道法自然。”我就是我，千万不要故弄玄虚，尤其不要故作高深。20 年前，我写文章的时候，常常有意用上一些华丽的词句，还以此为美。今天看来，那是令我特别羞愧的往事。这 20 年来，我特别“取法乎上”地阅读了一些上乘之作，有的甚至我还进行了背诵。也因此从外在到内在，我更加地崇尚自然。因为一个故弄玄虚的人、一个刻意雕琢的人，虽然他自认为高不可测，但是，人们只会感到那是一个令人生厌者。如果呈现给人的是真实、自然、从容，所言或朴实无华，或诗意流淌，都会令人听来如山涧清洌的流水，沛然而出，叮咚悦耳。

第四，要有自己的话语系统。人生在世，需脚踏大地，不然，将无以存生。讲演也是这样，要脚着“大地”。这个“大地”，就是讲演内容的来源。我讲演的内容来源，很多是我所采访过的专家、校长、老师、家长和孩子等。这是不是谦虚呢？不是。他们身上有太多令我感动和值得学习的东西，而且这些东西一天天地在我的心里积累沉淀，一天天地丰富着我的演讲内容。如果脱离了日积月累的采访与写作，我就会有一种悬在太空里的感觉，心里很不踏实。对听众而言，也就缺少了必要的可信度，也少了感动人心的深层内涵。由于所讲多是来自自己采访的对象，所以，即使信手拈来，却也是真实生活与心灵境界的呈示。有好多人说，陶老师，你常年到全国各地采访，又亲自动手写作，是不是太累了？如果说一点儿也不累，那不真实。但是，从总体来说，我是快乐的。因为采访的过程，也是不断丰富我的话语系统和提升思想品位的过程。为什么说“问渠哪得清如许？为有源头活水来”，因为没有属于自己的“活水”，即使你现在有不少“水”，或者从别处买来许多“水”，也会因为自己之用和风吹日晒，终有枯竭的一天。即使一时没有枯竭，也会越来越没有深度，没有生命活力。

第五，要有一定的使命感。这似乎说得大了些。可是，我却常作如是想。我的生命成长历程，在某种意义上说，不是属于自己的，它有太多的普世意义；我所采访的人，有太多可以启迪人的价值。如果将这些东西隐匿起来，我觉得对不起我所认识和不认识的人。所以，我到各地讲课，旨在给听者一定的人生启示，给听众走向幸福之路的建议。也许有的人因听了我的讲课，在某一方面有了一点儿进步，特别是由此改变了自己的人生，我就会从内心深处感到特别的愉悦。我不是救世主，但我可以尽我自己的力量，使更多的人幸福起来。所以，我一直将孔子的“己欲立而立人，己欲达而达人”这句话作为自己的座右铭。

这本《做幸福的教师》，共有三大板块，一是《读书与教师生命成长》，二是《写作的“道”与“术”》，三是《打点幸福人生》。我认为，这三个部分的主体内容为教师走向终生幸福之路提供了重要的支持。

《读书与教师生命成长》重点谈的是“取法乎上”地诵读经典。目前，谈读书的文章与著作比比皆是，可是，如果没有走进“上”的层次，非但进步缓慢，甚至有可能会在无意间受到思想与文化的伤害，让自己的教学在平面上滑移，甚至出现江河日下的可悲局面。每一个教师只有一次生命，读书质量的高下优劣，往往决定着其走向是幸福还是悲苦。希望教师在经典诵读的过程中，实现文化升值，不但让教育教学水平不断攀升，而且也让整个生命发生翻天覆地的变化。

《写作的“道”与“术”》主要讲的是教师“立言”的必要性，以及“道”“术”并进的理性思考与重要路径。目前不少教师不愿写作，甚至害怕写作，有的当了一辈子教师，真正用文字留下教育感悟与生命印迹者寥寥无几。我通过采访勤于笔耕的教师，以及自己的写作经历与感悟，试图让老师们明白一个道理：写作非但不是难事与苦事，反而有可能成为一种审美之旅。教师写作越多越好，教育教学水平也便越高，并可以由此照亮自己精神生命的前程。

《打点幸福人生》重点讲的是如何丰盈人的精神与心灵世界，它会让人从职业倦怠抑或其他痛苦的泥潭里挣脱出来，去主动地追求久违了的人生幸福，并享受“己欲立而立人，己欲达而达人”的精神之美。于是，生命在持续发展中变得更加美好，以至于走进幸福的殿堂。

在这三个板块中收录了很多富有重要启示意义的案例，尤其是近十年来我所采写的全国名师成长的精彩片段，让本书具有了“他山之石，可以攻玉”的功用。而笔者的特殊感悟与理性点拨，也许能让读者在产生顿悟的同时，不自觉地走向“学而时习之”与“好之者不如乐之者”的高层境界。

希望这本书的出版，让大家看到一个“全新”的陶继新。不过，这并不是说我是一个完人；相反，我从来都不是完人。我走过弯路，以后还会走弯路，也有缺点与犯过错误，而且以后还会有缺点与犯错误。然而，我会认真地反思自己，尤其是悦纳大家提出的批评意见与建议，从而知过而改之，并尽可能地走进“不贰过”的境界。

陶继新

2018 年 4 月 16 日于济南

目录
CONTACT

写作的“道”与“术”/ part 02

打点幸福人生/ part 03

01

part

读书与教师生命成长

作为老师，首先应该是个文化人。所谓文化，就是以文“化”人。而教师，既要接受文化之“化”，又要以文“化”人。而要想拥有文化，就必须读书。经典文化一旦内化到教师的心里，外化出来的就是一道绚丽的风景。因为经典文化不仅流淌着智慧的光华，而且还摇曳着思想的要义。从某种意义上来说，读书与教师的生命成长有着一种内在的生命维系。

一 教师读书:成长必需

所谓必需,就是舍之不可。为什么呢?大家知道,作为一个自然人,想要生存的话,就需要空气、阳光、食物和水等必需的养料;而作为教师,就不单单需要这些。因为教师还肩负着一种特殊的使命——既需要在精神与心灵层面上涵养学生,又要通过对学生潜能的开发,让其拥有丰盈的知识与智慧,从而实现其生命的飞跃。

(一)升华境界

韩愈在《师说》中有一句很经典的话:“师者,所以传道受业解惑也。”我认为,传道、授业、解惑并不能简单地理解为传授道理、教授学业、解除迷惑,这只是一种字面的解释,其深层内涵,则在于升华境界与升值文化。

既然我把“传道”定义为升华境界,那么,作为教师,究竟怎样才能升华境界呢?途径非止一端,而读书当是最佳、最捷之径。特别是经典文化,恰恰是升华境界最为有效的载体。还是孔子说得好:“君子求诸己,小人求诸人。”你看，君子是时时刻刻严格要求自己的，而小人呢，却时时刻刻苛求别人。几十年如一日地诵读《论语》，对我来说，最大的收获是什么？就是境界的升华。《论语》中有好多关于精神境界与心灵层面的论述，读《论语》的关键是要读懂其思想以及灵魂深处的东西。不然，就会望文生义，曲解其中的内涵。比如孔子所说的“好学”，往往不同于今天的解说。《论语·学而》中不是有这样一章吗：“君子食无求饱，居无求安，敏于事而慎于言，就有道而正焉，可谓好学也已。”意思是说，君子吃饭不要求太饱，居住得也不一定要太安逸，勤勉地做事，谨慎地说话，亲近有道德的人来匡正自己，这就是好学。可见，孔子所谓的“好学”，并没有定位于努力学习知识，而是道德要求与人格境界。鲁国的鲁哀公曾经问孔子，你弟子中谁最好学？孔子回答说是颜回，理由是“不迁怒，不贰过”，就是说不把自己的怒气无缘无故地迁移到别人身上，不犯同样的错误。这里还是没有今天我们学习文化知识这个层面的意思，仍然是从做人上谈的。因此，我们读圣贤之书，和圣人进行对话的时候，就会自然而然地提升自己的道德修养。尽管我只是选取了《论语》中的一个片段，但还是可以使我们窥豹一斑。

孔子的思想，并没有因为时代的变迁而失去其经典意义；相反，因其思想具有穿越时空而慰藉不同时代的特性，今天再读《论语》，仍然感到光华不减，甚至让我们有一种“仰之弥高，钻之弥坚”的感觉。

其实，古今中外很多大师的作品，大都思想丰富，有的还流淌着审美的追求。老师们一般都看过夏洛蒂·勃朗特的《简·爱》，看完之后，简·爱这个女主人公的自爱、自尊、自强、善良、真诚等优秀品质，就会“随风潜入夜，润物细无声”地走进我们的心灵。也就是说，读过这部小说之后，我们的心灵会得到一种净化。这就是世界大师通过他们的经典文本向我们传达的精神与思想。所以,我一直认为,通过读书,特别是读高层次的书,我们教师会发生翻天覆地的变化,从本质上提升自己的精神境界。而教师,恰恰是需要精神境界支撑的。所以说,读书便成了教师生命成长的必需。

1. 张斌利的《论语》之学

张斌利老师

在2011 年第5 期《人民教育》上,发表了我与张斌利校长的对话文章——《建造精神特区——破解“岔河现象”的奥妙》。在“编者按”中有这样一段话:“河北省唐山市丰润区岔河镇中学是一所偏僻的乡村中学,但是近年来却引来全国各地络绎不绝的参观者。这所学校不设班主任,不设后勤老师,教师工作不考核,学生考试不监场……然而,教师却有着积极的生命状态,学生有着良好的表现。有专家称,这一‘岔河现象’背后有一种精神的支撑。”

那么,这个“岔河现象”是什么？张斌利认为,老师们一起读《论语》,一起尽其所能地按《论语》去做,就形成了一个“场”。在这个场中相互影响,就形成了一个很多人难以解释的现象,媒体称之为“岔河现象”。

张斌利原为体育教师,最初拿起《论语》的时候,对其中的深义并不理解。他用了一种一般人想不到的办法，就是看不懂就抄写原文，原文看不懂就抄解释，还是不太懂，就写感受。写着写着，突然有一天就有所悟了。张斌利发现，《论语》中的思想与现代积极心理学的观点有着异曲同工之妙。他决定引领老师们也读《论语》，时间一长，孔子的思想渐渐地走进了老师们的心里。《论语》中的“礼之用，和为贵”“君子和而不同”“君子求诸己”等思想，为教师们提供了一个良好的人文环境。在良好的人文环境中，人人都会对生活充满激情。恰如马斯洛所说：人在良好的环境条件下，更能表现出利他、友善、慷慨、仁慈、信任等人类优良的品性。

在《论语》的光照下，张斌利校长与老师们的阅读逐渐地向更宽的视野与更深的层次拓展。他首创的聊书会，从他的学校，持续不断地向外蔓延，已成为全国性的活动并升华成一个品牌。

张斌利校长在铸造“岔河现象”的同时，也在更大的范围影响着更多的校长、教师及其学校。这让我想起了孔子的高足曾子之言：“士不可以不弘毅，任重而道远。仁以为己任，不亦重乎？”张斌利校长学《论语》，不但关注属于“内圣”的修身，还特别关注建立教育功业的“外王”大事。可这种功业的建立，绝对不是轻而易举之事。不过，孔子所言的“知其不可而为之”的奋争精神，已经渗透到他的血液里，变成了一种思维惯性与行动。有的时候，我认为他所追求的目标太过于高远，实现的可能性微乎其微。可是，他总是一往无前，绝不止步，而且能带领老师们完成目标，创造不可思议的奇迹。

2. 王岱的专题研究

全国著名中学语文特级教师王岱，是一位对语文教学深有研究，且很有文化品位的老师。听她上课，听者会在“水波不兴”中体悟到大家的风采与生命的要义。不管是以前在山东省实验中学任教，还是后来在北京市第八十中学工作，她的语文教学都得到了学生的高度赞扬。其背后还有一种别人看不到的东西，那就是通过教学与读书，王岱老师带领她的学生，不自觉地实现了精神境界的升华。于此，我仅把她所写的专题研究的一个问题中的某些片段呈现出来，让大家来感受一下她的精神风貌。

王岱老师

专题研究没有现成的资源可供利用，需要老师自己去做这些事情。举个简单的例子，比如小说专题的阅读——喜剧小说专题，她给学生整合了11篇喜剧小说，为此，她就要精心选择每一篇小说并研究其内容。再比如《左传》专题的学习，学生中考结束之后，还有两周的时间在课堂里学习，她就给他们准备了《左传》专题的学习。在整理《左传》专题的时候，她共精选了18篇。不但要精选《左传》的文章，把它们整理出来，还要设计学习任务，这个量是非常巨大的。她花了一周的时间，这一周内什么也不做（因为学生在复习中考），每天都要忙到晚上十二点，就只做这个专题。苏轼专题也是如此，戏剧文学专题、鲁迅专题同样如此。所有这些课程内容，都是她自己课下整理做出来的。

2017年7月中旬，我和王岱老师应邀在福建省泉州市泉港区2017年第二期中小学教师职业素养提升全员培训会上讲学。她作《回归语文 回归教育》的报告时，就谈到了她精心设计的“专题研究”。今将其关于“四公子”专题研究的部分内容的录音文字，原汁原味地呈现如下，以飨读者——

这个专题是我在2014年11月份做的。我把“四公子”的传记从《史记》中整理出来，然后印给学生们阅读。其中《孟尝君列传》学生的阅读量约8400字，《平原君列传》学生的阅读量约4900字，《春申君列传》约12300字，《信陵君列传》约3300字，这些内容需要学生在8课时内完成。可能有的老师会觉得比较震撼，一般来讲，我们讲文言文，比较长的古文，大概需要两节课、三节课甚至四节课、五节课。“四公子”这个专题8课时完成，怎么完成的呢？我给大家说一下我是怎么教的。

一是整个活动的设计尽可能地充分体现学生学习的自主性与合作的特征。整个专题学习共8个课时，学生自学占了6课时。

二是问题导向，任务驱动。让学生在完成具有挑战性的任务中，发展语文能力，提升语文素养。与学生以往习惯的文言文教学不同，这个文言文阅读专题，首先是阅读量大，四篇阅读材料的阅读总量（含原文和注释）共28900字。其次是阅读要求高，学生要在没有老师讲解的情况下，凭借注释和工具书自读课文，并通过小组合作的方式解决个人不能理解的内容。这样的学习任务的确是具有挑战性的。

三是精心准备。我为学生设计了一系列具体的、由浅入深、由简单到复杂的学习任务。这些具体任务，分解了整个专题的难度，形成了任务梯度。比如，安排“四公子”列传学习任务的时候，学生借助注释读《孟尝君列传》，这篇文章比较长，2课时完成；完成之后是《平原君列传》，这篇文章比较短，1课时完成，也是借助注释；接下来再用2课时的时间去读《春申君列传》，为什么用2课时呢？因为这篇文章很难，头绪很多，而且人物众多，难度很大，给学生的材料不仅有注释，而且有译文，这样他们就可以配合译文去读，2课时完成；最后1课时学生读《信陵君列传》，这是我们老师比较熟悉的，《信陵君窃符救赵》就是其节选，这部分相对来说比较简单，我就让学生读原文，无注释。

除了篇目的选择和时间的安排，还要设计好学生的学习任务并注意梯度。学生第一梯度的任务是筛选整合信息，理解文本的基本内容。第二梯度的任务是评价人物，并锻炼书面语言表达能力（如"请为孟尝君、平原君、春申君写一段50字左右的评语""请为信陵君写一副对联"）。第三梯度的任务是完成课后的思考题。这些思考题有利于培养学生的"语言建构与运用""审美鉴赏与创造""思维发展与提升""文化理解与传承"等语文核心素养。最后再用两节课进行讨论与交流，不仅总结分享了学习的成果和经验，也锻炼了学生的口语和书面语的表达与交流能力。

以下是肖宇捷同学的收获，大家可以看一下——

读完"战国四公子"后，我惊喜地发现，自己居然读了这么长的文言文。我在惊喜的同时，也仔细地反思了一下自己为什么能完成这么长的文章阅读。

以前，老师们总是教短小的文言文，并逐字逐句地去翻译，直到讲明白为止。我们在那种方法下学习，虽然理解消化得快，但是没有自己独立的思考。我们读了"战国四公子"之后，在摸爬滚打中学会行走，下面就说说我读长篇文言文的收获。

先通读一遍。在通读的过程中，画出不理解的地方。也许有很多字不认识，但是通读能使我们了解故事主线，一些不理解的词通过注释可以解决，这样对文章的理解会变得更加清晰。注释没有的字可以翻古汉语字典。深入理解文章的主旨，分析人物、情节和文章透露的各种社会历史文化信息，以期对文章有整体且深入的理解。

以下是丘雨涵同学的收获——

这是我第一次读这么长的文言文，一看见古文就头痛的我更郁闷了：这么长的古文，需要一口气读完，怎么可能？但没办法，只好硬着头皮读下去。刚开始，我读得慢极了，因为速度稍稍一快，大脑就跟不上了。但是时间一长，我发现自己基本能读懂且有点意思了，速度慢慢也快了些。“战国四公子”的学习让我最快乐的是：这是我自己读下来的，让我发现了自己阅读文言文的能力还有很大的提升空间，对古文的抵触心理也随之消减了，很享受这种自己克服很多困难读下一篇很长文言文的过程。

那么，也许有人会说，这与升华境界有什么关系呢？其实，如果仔细想想，就会感到，不但有关系，而且关系非常大。

第一，这个专题研究不是学校领导布置的，还要耗去王岱很多的时间与精力，她并没有因此而多得奖励；而且，她还要承担一定的风险，因为她教的是高中学生，这样的研究，很难说对学生升学能起到什么作用，甚至有可能因此而影响了考试的成绩。可是,王岱感到这对学生的生命成长有作用,且能够产生长久的影响。

第二,通过这个专题研究,学生学会了学习,而且学会了研究。这比一般学习现行教材的知识,不知要重要多少。一般人认为,这样的研究,休说是学生,就是教师,也会遭遇很多困难,甚至有可能知难而退。她的学生肯定也遇到了不少困难,但是,他们克服了困难,学会了研究,并因此喜欢上了研究。看来,王岱在"授之以渔"的同时,又提高了学生的能力,培养了他们不怕困难、克服困难的勇气。

第三,有不少时候,这样的研究不是一个人能取得成功的,只有精诚合作,才能登上成功的殿堂。所以,它又在无意之中,培养了学生的合作精神。《周易》有言:"二人同心,其利断金;同心之言,其臭如兰。"正是在合作中,同学们感受到了合作的巨大能量,以及由此生发出来的美好品质。

由此可见,专题研究在培养学生研究能力的同时,也升华了学生的精神境界;而王岱,也在这个研究中摇曳出了精神生命的光亮。

(二)文化升值

我认为,"受业解惑"的真义在于文化升值。对一个人来说,他可能有万千资产,他可能在银行里存了很多很多的钱,但他未必是幸福的;而进行大量的经典诵读,则是另一种存款,我称之为文化存款。只不过是没有存到银行里,而是存到自己的心灵里了。而文化一旦在心灵安顿之后,就成为一生幸福的储蓄。

孔子,就是这样一位文化升值者。大家知道,孔子是中国历史上第一位民办教师、第一位民办学校的校长，他是第一个将学在官府移至学在民间的人，因此成了中国最伟大的教育家。他曾周游列国十四年，几经磨难。有一天，他与他的弟子被围困在匡这个地方。原因是，鲁国有一个叫阳虎的人，曾经带领士兵残害过这里的百姓。孔子的长相有点像阳虎，又有一大批弟子随行。当地的老百姓认为阳虎又来了，于是集合起来，手持器械，将孔子一行围困起来。这个时候，孔子不惊不慌地说了这样一段话："文王既没，文不在兹乎？天之将丧斯文也，后死者不得与于斯文也。天之未丧斯文也，匡人其如予何？"大致意思是这样的：周文王已经死了，文化难道不在我这里吗？上天要想把这个文化毁掉的话，那么后来的人就得不到这文化了；如果上天不想毁灭这个文化的话，匡人又能把我怎么样？在有生命危险的时候，孔子仍然以文化的传承者自居，而且是感到自豪的。他认为文化就在他那儿，他是文化的代言人，是文化的传播者。实际上，我们老师在学生的心目中，也是文化的代言人，也是文化的传播者。既然如此，就应当拥有文化。那么，我们怎样才能拥有文化呢？我认为，最有效的方法还是读书。只有从书中，我们才能真正地汲取文化营养，才能真正地像孔子所说的那样"文不在兹乎"。如果不读书，所有的文化升值都将成为纸上谈兵，老师也不会成为学生心目中真正意义上的老师。所以，教师必须关注读书，实现自己的文化升值。特别是通过阅读一些高层次的书，使我们真正地拥有人生智慧。大家知道，知识和智慧是不一样的。知识关乎事物，智慧关乎人生。如果只有知识，那你看到一块石头就是一块石头，看到一粒沙子仅是一粒沙子而已。但是一旦拥有智慧，就可以从一块石头里发现一道风景，从一粒沙中感悟灵魂的律动。

教师拥有文化，课堂教学就不单单是对教材文本的解说，更不是单纯对教参内容的重复与再现，而是对教材文本审视之后的创造，是一种富有生命张力的精神活动。没有厚重的文化积淀，教学就只能在平面上滑移，或者在浅层次上转圈。那么，学生也就不可能真正受益。从这个层面来说，读书也是教师生命成长的必需。

1. 享受读书背书快乐的沈红旗

沈红旗老师

我采访的上海八中沈红旗老师，是上海市年轻的语文特级教师。他之读书与写作，就有一种审美的况味。

我是于 2004 年夏天的一个晚上去他家进行采访的。他的家是市区一座典型的旧上海风格的木制阁楼。借着并不明亮的灯光，蜿蜒地深入小巷之中，踏上窄窄的木制楼梯，一步一步地攀上三层，就到了他那铺有红漆木制地板的居室。一张旧床，一排书架，一张破桌，一盏台灯，如是而已。但用他妻子的话说，沈红旗在精神的层面上是异常富有的。

采访之后，我写了一篇长篇报道《展示教育的无限魅力——上海八中沈红旗老师教育教学散记》，分别发表在《现代教育导报》和《上海教育》上。文中有这样一个小标题："读书背书：生命的快乐。"

沈红旗喜欢读书始于小学三年级，孤灯之下，他在文学的世界里欢快地遨游，读到尽兴处，常常是“不知东方之既白”。就是在课堂上，有时也会偷偷地读起世界名著来。这当然是不妥的，所以，当时担任班主任的数学老师一气之下，威胁沈红旗说要到他的家里把他的藏书全部撕掉。但他还是不改初衷，一如既往地读他所喜欢的书。

沈红旗所上的中学条件较差，每天只能上半天课。然而“祸兮福之所倚”，不上课的半天，便全部成了他快乐的读书时光。他常常半天泡在区、校的图书馆里或福州路文化街上的书店里，阅读的胃口甚为“贪婪”，买书时则常常“挥金如土”。回家赶完作业后，常独自一人阅读名著至晚上 11 点多，并硬性规定每天有一定的熟读背诵量。当时书甚难买，为此他还抄了不少书。他抄巴尔扎克等著名作家的小说，也抄普希金等诗人的抒情诗；抄唐诗宋词，也抄现代经典诗作。当自己所写的一个又一个方块字展露在面前时，他的内心不由得升腾起一种独特的审美快感；所抄书稿一页又一页次第增高时，则又在心灵深处自然地幻化为一次又一次幸福的精神之旅。他说，直到现在，他依然保存着《西方名诗选》《普希金抒情诗选》《杜甫诗选》《李贺诗选》《苏东坡诗词选》等的手抄本。

一天，沈红旗无意中与一位打乒乓球的同学聊起读书。怎么也没有想到，这位同学虽然对中国古典作品所知甚少，却读了许多哲学作品。“友直，友谅，友多闻”的沈红旗，很快便与他结成朋友。他们一起跑书店，交流读书感想。于是，《欧洲哲学史简编》等不少哲学书进入了沈红旗的读书视野。读书的同时，他还对西方哲学、美学等专著做了十万字以上的摘录，买了大量名家画册、书法碑帖，去上海音乐厅听了大量古典交响乐，并参观了毕加索等大师的画展。

高二整个暑期，他晚上 8 点以后狂读“文学”“艺术”“中国古代史”等

《辞海》分册。倦意袭来，冲个冷水澡或跑一圈后，继续苦读，至今不少条目记忆犹新。

中学六年自学，使他拥有了中外文学史、西方哲学、美术、音乐等方面的广博知识，建立了自我人文素养的基本骨架。

大学一年级时，沈红旗背熟了一本成语词典。他买来两本，一本用来查阅，一本用来背诵。每天撕10页背诵，历时四个月完成。以后对成语的兴趣一直绵延不绝，家有成语辞典数十种。

大学四年，沈红旗钟爱中国古典文学的同时，开始拜读弗洛伊德、尼采、老子、庄子等大家的哲学书，而且一发不可收拾。现在有人谈起沈红旗的论文，往往说其哲思飞扬，这都是他中学与大学阶段多读多背的结晶。

沈红旗认为，要使自己的语文教学更富成效，教师不应是一根只会燃烧自己的可怜的蜡烛，而应是一个在辉煌中同时照亮自我、他人和世界的火炬。他通过反思领悟到，在教学活动中，教师应追求双赢式的发展。明确语文教师的自我定位，重构一个合理的人文底蕴。首先要热爱阅读，超越粗陋的快餐文化，沉潜浸润于语言出色的文本，含英咀华，敞开心扉，迎受八面来风，无限地扩展自我的精神世界。

读书，成了他生命中的快乐。每年他都要购置大量的图书，家中的十个大书橱早已装满，于是成堆的书籍又向床底、桌上“侵略”。近年来，每年自费订阅大量报刊；每年的两个假期，他都要抓紧时间批读大百科全书中的文科相关分册或一些经典辞典。

他对书香有着特殊的嗜好，每当思维枯竭之时，他就会走近自己的藏书，或者双休日泡在上海图书馆，养一养浩然正气。而当读书爱好感染了学生的时候，他的喜悦之情更是难以言表。广博多览，使他能够站在一个相当的高度上审视自己的教学实践，课堂教学也就有了一种纵横捭阖、汪洋恣肆的气势。

2. 如饥似渴诵读经典的兰祖军

从沈红旗老师我又不由得想起一位从教师走向校长工作岗位的特级教师兰祖军，他在海口市英才小学担任校长的七年间，不但让英才小学发生了翻天覆地的变化，还引领这所小学塑造了属于自己的文化品格。

学校是文化的圣地，书籍是文化的重要载体。文化建设是学校发展的魂兮所系，阅读教育则被视为学校成长的精神所依。据此，兰祖军结合学校的实际情况，经过深入思考确定下来，将"书能让我们一生快乐!"作为学校的校训。

兰祖军老师

兰祖军从自身经验与体悟阐发，促成其生命飞跃的一个重要因素，便是阅读。他几十年如一日地如饥似渴地阅读，平均每年阅读一百多本中外名著，且背诵了《论语》《大学》《中庸》《孙子兵法》等中国古代经典。炎炎夏日，从清晨 6 点半到 7 点 40，他在校园林荫小路、茵茵草地，低吟浅唱，诵读中国古代经典，与鸟叫虫鸣和谐成一曲乐章；凛冽冬夜，他便静静地在路灯下阅读名著，晨起锻炼的人都对其点赞。兰祖军感到，那是用诗与童话写就的日子,因为他是在聆听中国古代先哲的教诲,甚至是与这些大师进行心灵对话。有的时候,他会忘记时光之流逝、日月之运行,沉浸于其乐也无穷的生命乐园里。

孔子说:“己欲立而立人,己欲达而达人。”兰祖军实现自身文化升值的同时,也在想方设法地让全校师生拥有更加浓厚的文化氛围和优秀的文化品质。德国社会学家马克思·韦伯在《社会科学方法论》中谈到文化问题时曾明确指出,所谓文化就是那些流淌与弥漫于尘世中无限的无任何意义的事件,历经千秋万载,几经洗礼而具有意义并得以保存与传承下来的有限部分,即经典积淀。

于是,兰祖军带领全校师生努力挖掘和发扬中华优秀传统文化,从而构建起学校的组织文化、课程文化、教师文化、学生文化和环境文化。于是,老师们教学水平不断地提升,也都有了“文不在兹乎”的自豪感。

(三)谋划未来

宇宙是浩渺无涯的,地球在宇宙中只是一个点,作为生命个体来说,在地球上也只是沧海一粟。但是,在我们有限的生命里,即几十年最多百十年的时空中,是庸庸碌碌度过,还是让生命焕发出光彩?我想,这应该是我们每一位教师都应当思考的哲学命题。

时光是不断流逝的。古今中外的大哲们面对时光的流逝,多有不同寻常的哲思与感叹。《论语》中就有这样一章:“子在川上曰:‘逝者如斯夫!不舍昼夜。’”你想,时光如流水一样从我们身边永远地流逝了。但它流逝的不仅仅是美好的时光,还有我们的生命。所以,孔子才会发此浩叹。如果在时间流逝的时候,我们一事无成,没有实现生命的成长,那就是真正的生命流逝了。如果通过阅读提升了自己的文化品格,就有了文化的升值,生命才会有别样的价值。这样看来,读书就不仅仅是教育教学的问题,还是生命在宇宙空间行走中提升质量的一个必经之路。

遗憾的是,不少人却漠视时光的流逝,饱食终日,无所用心。结果步入老年的时候,由于没有为自己积淀下文化,结果一事无成,以致痛苦不已。所以,我们要通过读书,特别是读一些经典书籍,来提高我们的思想文化品位。有了较高的思想文化品位,才能被所教的学生认可乃至欣赏,成为一位真正的人民教师。

孔子说:“人无远虑,必有近忧。”如果仅仅是看到目前能够胜任教师工作而裹足不前的话,再过十年八年,甚或更短的时间,就可能有力不胜任的感觉,甚至在无情的竞争中被淘汰。

我们现在的很多老师,60 岁(或 55 岁)一退休,教学生涯一结束,就几乎是无事可做了。我称之为“精神之死”。三尺讲坛不再属于自己,学生也远走高飞,只有在家抱抱孙子孙女,聊以慰藉而已。这是为什么呢?因为很多老师在教育教学过程中,只是在“器”的层面行走,教的是教科书,看的是教参书,改的是教辅题,没有走进高层次的阅读之境,到头来,就只能是一个教书匠,只能随着退休而终结自己的精神生命。

生命本不该如此,教师完全可以在精神世界为自己搭建一座辉煌的殿堂。要想如此,就得提前为 60 岁做准备,即提前设计自己的一生。如果做了几十年的准备,退休时精神生命就不会走到尽头,而是欢欣鼓舞地迎接另一个精神生命的诞生。为自己的一生发展计划,我们必须瞭望未来,为自己做一个生命规划书。这个规划书中,一个特别重要的内容就是读书计划,特别是读好书的规划。这个星期、这个月、这一年、后几年甚至更长的时间里，我要读哪些书？读多少？规划之后，更要完成甚至超额完成计划。文化会不断为你增值，时间愈长，增值愈多。时间长了，你就会成为你所在单位的优秀分子，甚至是更大范围的教育名人。不但不用担心自己工作的去留问题，还会有“更上一层楼”的快乐体悟。而更为重要的是，你的生命深层有了经典滋养，就有了一生幸福的资本。即使退休之后，依然会活跃在教育战线上，甚至还会更受欢迎，更具有生命的能量。

以前，我虽然不断地读书，可是，当我真正觉悟的时候，已到“不惑”之年。

记得有一天夜晚，月明星稀，独步山下，我突然醒悟：必须为自己制定一个“为60岁做准备”的计划。

这是我从很多真实的事例中感悟出来的。

我认识不少报刊社的编辑记者，在其尚未退休之前，堪称叱咤风云。不管到什么地方采访，都会受到当地教育部门领导的热情招待。采访之后写成文章，很快即可见诸报刊。可退休之后，却再难在报刊上见到他们的文章。我在思考这个问题，当时为什么能够发表？一是工作需要，不去采访，有失职之嫌；二是其本人既是记者又是编辑，自己写成的文章，即使水平不高，也会由自己编入报刊。更有甚者，名为采访，实际上是拿了被采访者提供的文字材料，稍做修改，甚至不做修改，就大笔一挥，署上自己的大名，正式发表。不但不以此为耻，反而四处炫耀。这正中了孔子的高足子贡之“恶”——“徼以为知者”。于是，这样的人不再学习，就连上学时所学的东西，也多随着时光的消逝而忘却。退休之后，没有了发表的阵地，也就不再采访，自然也就不再有文章问世。文化越来越少，精神越来越空虚，甚至连身体也呈现每况愈下的态势。

尽管我从来不将被采访对象的文章窃为已有,可总还是有一些时间被浪费掉了。文化升值过慢,到了退休的时候,尽管也许还可以有些文章发表,但总是不能真正实现生命的飞跃。于是,就从那一天晚上开始,我为自己定了一个终身学习的计划,而且执行至今。只要不是吃饭、睡觉、锻炼和休息时间,一般来说,做的事基本上都与学习有关,或读书,或采访,或听报告,或讲课,或写作。时间在流逝,我的文化存款也随之增多。2008 年退休到现在 10 年间,我在全国发表的文章比以前几十年发表的总和还要多上十来倍。当然,受到的称誉与认可,也远在十年前之上。

更重要的是,整个生命状态变了。不知时光之流逝,不知老之将至,乐在学习之中,乐在成长之中,也一直在幸福之中。

二 读书走向:取法乎上

有的老师说,我读了很多书,并未见有多大的长进。我觉得问题是你的读书走向出了问题。古人说:“取法乎上,得乎其中;取法乎中,得乎其下。”如果阅读高品位的作品的话,我们得到的仅仅是“中”;如果在“中”的层面阅读的话,我们得到的只是“下”。很多的老师,或者说当今不少中国人,所读的书是在“中”或者“下”的层面。“近墨者黑”，如果你一直跟三流作者进行交流，你必定是在低水平上徘徊复徘徊，即使读了不少书，也不会有生命意义的提升，也不会因阅读而感悟到生命质的飞跃。

（一）诵读方略

我主张取法乎上地读书，那么，什么是“上”呢？我认为，“上”就是古今中外的经典。那么，什么是经典呢？就是经由时间的延徙，大浪淘沙，仍然定格在具有文化品格者心灵层面的、挥之不去的、不断引领生命成长的精神产品。那么，如何诵读中外经典呢？

1. 中国经典：诵读结合

中国经典是一个丰富的宝库，为我们取法乎上地阅读提供了特别好的文化载体。

我曾经在曲阜师范教了三年的《文学与写作》课。学校的西墙与孔庙的东墙只有数米之隔，工作一天之后，傍晚时分，我常常到孔庙中散步。在苍老的松柏之下，漫步于草丛和砖路之上，就会发出一番浩叹——2500 年之前的孔子和他的 72 贤徒，也许就在这里行走过，我这个名不见经传的小人物的足迹，有可能就和孔子这位世界大师的足迹重叠。当时就想，要好好学习孔子的思想。最能代表孔子思想的当然是《论语》。于是，从那时起，我就开始学习《论语》。虽然读了几遍，但是，我感觉只不过是了解了《论语》的字面意思而已。后来到山东教育社工作，继续研读，感觉还是没有掌握孔子思想的真正要义。

不是“读书百遍，其义自见”吗？读一百遍其“义”就能呈现出来，如果背诵了，不就更加明其要旨了吗？于是，在49岁的时候，我从《论语》中选出85%以上的篇章背诵。背诵之后，对以前很多并不理解的内容方才有所感悟，孔子的哲学思想、教育思想开始清晰地叠印到我的脑海里。更重要的是，背诵几乎改变了我的人生，不单单是改变了我的话语方式、思维走向，还提升了我的思想境界，使我步入到了一种心灵安适的境界之中。这就是“化”，什么叫作“文化”，就是以文“化”人。特别是经典文化之“化”，更会产生神奇的功效。

所以，我认为学习中国经典应该“诵”“读”结合。有人说，我们已经成了教师，背诵对于我们还有多大的价值？其实不然，为什么呢？大家想一下，我们的古人，从开始上学的时候就在摇头晃脑地背诵，虽然有人对此进行过无情的鞭挞和批判，但是殊不知，他们小时候的经典背诵，恰恰是为其一生文化成长奠基的。

也许有人会说，孔子本身不就是一个很守旧的老头吗？其实不然，孔子的很多教育思想，经历了2500年之后，依然辉光不减。2008年北京奥运会的迎宾用语，也是用了《论语》中的五句话——“有朋自远方来，不亦乐乎”“礼之用，和为贵”“德不孤，必有邻”“四海之内皆兄弟也”“己所不欲，勿施于人”。为什么要这样选择呢？因为世界上认可孔子，我们用《论语》中的五句话作为接纳世界各方朋友的迎宾用语，彰显了孔子思想的魅力。

为什么会这样说呢？因为大思想家的思想不仅不会因为时间的流逝而淡去它的光辉，相反，还会与日月同辉。大家想一下，古代有很多的皇帝，他们在位时可能是显赫一时，在进入坟墓之后，其生命也就随之结束了。但是，孔子、苏格拉底、柏拉图等大思想家，休说两千多年，就是再过两千多年、五千多年,在整个宇宙当中,他们的思想依然异常璀璨。因为他们的思想是永恒的,他们的思想可以穿越时空,慰藉不同时代的天下苍生。而古代帝王之权势却不可能穿越时空,他们只能在某个特定时期权倾一时。

所以,我建议老师们每天拿出一点时间来背诵《论语》。《论语》不但昭示着儒家的思想,还是一部教育经典。像孔子的“有教无类”“因材施教”“知之者不如好之者,好之者不如乐之者”“学而不思则罔,思而不学则殆”“不愤不启,不悱不发。举一隅不以三隅反,则不复也”等,过时了吗?没有!我们每一个中国人,不管认可不认可,其心里都刻着儒家思想的烙印。

众所周知,儒家的创始人是孔子,而道家的创始人则是老子。一部《道德经》虽只有五千言,但千百年来它和儒家的思想相辉映,成为中国经典文化的特殊景观。《道德经》开篇就是:“道可道,非常道;名可名,非常名。无,名天地之始;有,名万物之母。故常无,欲以观其妙;常有,欲以观其徼。此两者,同出而异名,同谓之玄。玄之又玄,众妙之门。”这真是太精彩了!如果把《道德经》解透之后,然后再窥观世界万象,视角就会发生巨大的变化。老子的“人法地,地法天,天法道,道法自然”等言高旨远,“道法自然”甚至堪称人生的最高境界。大家知道,德国的黑格尔就特别佩服老子。我们如果把《道德经》背诵下来,就会走进“众妙之门”。

我还主张老师们了解、学习一些佛学典籍,特别是《心经》《金刚经》等经典作品。佛教自从传入中国以后,就融入中国文化之中。佛道的融合,儒道的融合,佛儒的融合,形成了中国一大文化奇观。苏东坡之所以在最得意的时候和最失意的时候都能够保持一种乐而忘怀的精神,就是得了儒、释、道三家之精妙。

是不是只阅读与背诵中国古代的经典就行了呢？当然不是，中国现当代的有思想与文化的著述，也应该尽可能地去阅读。有的刊物，也应当订阅。30多年来，我很少翻阅报刊，却一直订阅着中国社科院文学研究所主办的《文学评论》。其中有些文章，哲思飞扬而又文辞奇美。很多个夜晚，我是在《文学评论》的陪伴下入眠的。

2. 外国经典：广博多览

有人也许会问，陶老师所说的经典难道就只是中国的经典吗？江苏的一位网友还写了这样一个帖子：《陶继新——中国传统教育的布道者》。中国的传统文化太伟大了！那么，只读中国的圣贤之书就行了吗？我认为还不够。因为，我们称如此之大的世界为“地球村”，可见，我们必须了知世界。要培养什么样的学生呢？日本文部省早就提出了要培养有国际情结的孩子、适应未来挑战的国际人。我们也要瞭望世界。那么了解世界应该从哪些方面入手呢？阅读外国的经典作品当是一条很好的途径。我们老师不仅要有中国文化的眼光，还要有世界文化的眼光，因为我们不可能只在中国这片土地上游历行走，还要在世界上面对着多元的文化行走。在这种情况下，我主张我们的老师在课余时间尽可能多地去阅读世界名著。

在为记者和通讯员培训的时候，常常会有人问我，我们参加了很多新闻写作培训班，学了好多新闻采写的方法，可到现在怎么还是写不出文采飞扬的文章呢？如何在写文章的时候，能够下笔成文、文采斐然呢？能不能告诉我们一种写作的方法，通过这种方法，写起文章来就能得心应手。我说，你在很多培训中所学的“方法”“技巧”都在“器”的层面，这也是必要的；可是，它没有进入“道”的层面，而道的真谛在于经典文化的阅读与内化。不妨先通读一遍《莎士比亚全集》。大家知道，莎士比亚是世界级的语言大师，他的每一句话都是诗意流淌，他把高层次的文化审美体验贯穿书中，真是美不胜收。如果阅读这样的作品，你想想你的语言还能不变吗？不变才“其可怪也欤”呢。但凡读过《莎士比亚全集》的人都会很吃惊，为什么自己的书面语言变得这么好了？这就是我所说的内化。当然也不单单只有莎士比亚的作品具有这种力量，外国很多高层次的作品都是这样。比如列夫·托尔斯泰的《战争与和平》，我们看这位世界大文豪所写的生活场景、军事场景等，或大气磅礴，或如小溪流水一样自然流泻，甚至他的议论都具有特殊的魅力，几句、一段、几段、一页、几页，甚至十几页、几十页，读起来不但不感到味同嚼蜡，反而是感到一位世界大思想家、大文学家，在向你诉说思想，向你进行审美描述。

读书之要，除了“取法乎上”之外，还要“功夫在诗外”。就是要读教育之外的书。我并不是否定教育书，教育书也有经典。但是，如果只读教育学方面的书，就会像苏东坡所说的那样：“不识庐山真面目，只缘身在此山中。”就会在教育这个圈子里面转不出来。从更大的范畴来讲，教育只是文化的一个分支，只有把教育之外的经典了解了，再看教育，才会有“横看成岭侧成峰”的感觉。因为你会站在一个更高的文化视点上来看教育，这就是文化的穿透力。这样的话，我们看教育、看人生，甚至自我反观就大不一样了。

（二）名师之读

哲人言，一个人 20 岁如果不读书，他已经老了。为什么这么说呢？因为人的生命除了一般人所谈的常态之外，另外还有一个精神和心灵的维度。

没有精神和心灵层面的成长,没有它的滋润,其内心就是苍白的。而要想真正在心灵层面上提升自己,就要阅读文化精品。

曾国藩写给儿子的家信中有这样一段话:“人之气质,由于天生,本难改变,惟读书则可变化气质。古之精相法者,并言读书可以变换骨相。”所以,他要儿子读经典,以“十三经”和“二十四史”为根本。并告诫儿子说:“一书不尽,不读新书。”因为经典之书,意蕴丰厚,读的时候,就要读透读通,才能真正了其要义。看起来读得少,其实收获多,堪称以一当十。

是的,如果我们一味地好奇,读那些没有太多文化含量的快餐式报刊图书的话,即便是穷其终生,也不会实现生命的飞跃,甚至还会走下坡路。如果阅读经典的话,就能够以一当十,用一天的所得,抵得上十天甚至更多天的阅读。这种高质量高效率的阅读,其作用就是拓宽你生命的维度。我们每个人都很关注自己的生命实体能留存多长的问题,但是真正的生命不在表面和实体,而在精神生命和文化生命。从生命的意义这个角度来看,“取法乎上”地阅读,就能够一以当十。所以,我认为,高层次的阅读,就相当于拓宽你生命的维度。

1. 黄玉峰的读书观点

在当今中学语文界,特级教师黄玉峰堪称大师级的人物。在学术领域,黄老师致力于传统文化尤其是古代诗人和汉字文字学的研究。在北京、上海电视台讲《汉字趣谈》《天地一文人》《中国科举制度》《说杜甫》《说苏轼》等节目,出版《说李白》《说杜甫》《说苏轼》等专著,并在《上海教育》《语文学习》开《玉峰说字》《玉峰讲字》等专栏。

黄老师的阅读观中,有三个特别需要我们关注的观点——

观点一:要有几本书打底。

黄老师认为,读书不要太滥,应以精读为主。要有几本经典的好书打底。要在几本原典上下功夫,中国古代的如"四书",可花五年左右的时间啃下。西方经典如《荷马史诗》《圣经》等,也要花时间去读。

观点二:读书,要有自己研究的人物。

黄老师说他重点研究鲁迅、胡适、钱穆这三个人,基本读通了这三个人的作品。

观点三:读书,是为了修养自己,也是为了学生。

黄玉峰老师

黄老师 69 岁的时候,仍在复旦附中教书,每周四节课。除教材之外,黄玉峰两年来给学生补充印发的文章超过 100 万字。从《论语》《庄子》《诗经》《楚辞》中的经典篇目、西汉鸿文、唐宋散文、明清小品,到国外蒙田、茨威格等人的文章。他给学生开的书单就更广泛了,从《红楼梦》到《射雕英雄传》,从《简·爱》到《共产党宣言》,无所不读。

黄玉峰组织学生研学旅行,也有"语文课"的特点。期末考试结束时,别的班的同学都在家焦急地等分数，或为寒假补课找老师，上海复旦附中高二年级3班的学生，却在班主任黄玉峰老师的带领下，踏上了“学古人风度，察今人民情”的浙东文化研学之旅……

这并不是一次单纯的游玩。出发前，黄玉峰老师从《史记》《文苑精华》等古籍和现代作家作品中，挑选了两万多字的诗文，印发给同学，让大家仔细研读。为期8天的旅程中，从绍兴沈园的“东风恶，欢情薄”，宁波天一阁的风雨，到张岱、郁达夫笔下西湖的不同风致，从三味书屋、兰亭到王国维故居，同学们循着名士大家的文字和足迹，在以自然山水为师的天地大课堂中心驰神醉。

黄玉峰说，这也是他上的“语文课”。

有道是：“名师出高徒。”我们的老师都希望自己的孩子和学生跟着名师学习，即“取法乎上”。可眼下名师难找，像黄玉峰这样的大师堪称凤毛麟角。不过，我们完全可以通过经典作品来向这些未曾谋面的大师学习。为什么提出这样的观点？因为我们现在报刊、图书、网络等文化知识信息载体林林总总、斑斓多彩，自然也就有了高低之别、优劣之分。但往往因为泥沙俱下、鱼龙混杂，有的人不会取舍或不愿取舍便随意取来，结果就出现了“取法乎中”甚至是“取法乎下”的阅读现象。如果阅读的是三流“下”品，我想，不仅不会提高，还会对你既有的文化系统产生负面效应。所以，我们应该学会取舍，舍得——有舍方有得嘛。我们舍弃的是那些低层次的文化，得来的是思想与语言俱佳的作品。这样，就可以通过阅读，向大师索取智慧与思想，甚至与大师进行心灵对话。这样，便会渐渐向大师靠近，自己的思想境界也会越来越高，在知识获得越来越丰富的时候，进而生成属于自己的思想与智慧。

2. 王崧舟的“六六”书系

王崧舟老师

王崧舟，无疑是当今中国小学语文界一个丰碑式的人物。他从小学语文教师到小学校长，再到大学教授，有着太多的成就。尤其是他的课堂教学，打上了“王氏”风格的烙印。就在他走上讲台的那一瞬间，人们就已经被他那神清气定的风度所折服。他从容自若的微笑中，总会不经意间透射出一种稳操胜券的自信。而在整个课堂教学中，精彩不是“偶尔露峥嵘”，而是全程一以贯之。其间很少有慷慨激昂的情绪渲染，更无故弄玄虚的铺陈张扬；而是在平缓的叙说中，其诗意的语言与深邃的思想，像山涧泉水一样，叮咚作响而又“道法自然”地流泻出来，让人沐浴在语言的美妙与对文意的洞悉之中，在身心愉悦的精神享受中，抵达课文的内涵深层，并领悟他的独特发现与悟道之妙。

于是，老师们在钦佩不已的同时，也有了“学而时习之”的冲动与欲求。

有的老师，尤其是王崧舟的弟子，确实在“王氏”语系与思维的影响下，有了很大的发展，其中十几位已经成了特级教师，有的还登上了全国性的公开课殿堂一展风采，让听者顿生“后生可畏，焉知来者之不如今也”的感叹。

即使如此,他们要想攀升到王老师如此之高的境界,还需要一段不短的路程。至于更多的老师,更是“路漫漫其修远兮”了。

难道王崧舟是孔子称之为“上也”的“生而知之者”?

不是的。

我在与其长期的交往中,发现了一个“王氏”成功密码,那就是“底蕴”。

底蕴是怎么来的? 王崧舟认为,底蕴是靠书堆起来的! 书读得多,不一定底蕴深厚;但是不读书,或少读书,是一定没有底蕴的。读书的过程,就是不断积蓄精神能量、文化能量的过程。

王崧舟的底蕴越来越厚,名气越来越大的时候,其“粉丝”数量也呈几何级增长的态势。同时,有些优秀的小学语文教师,便有了向王崧舟拜师求艺的强烈愿望。于是,王崧舟名师工作室应运而生。他的弟子从王崧舟那里不但学习到了教学艺术与做人之道,还拿到了一份称之为“六六”书系的“秘密书单”。从拜师之日起,他对弟子的第一个要求就是要用半年时间老老实实地读书,“六六”书系则是必读书目。

第一类书系:国学书系

王崧舟认为,国学经典要从读《论语》开始,因为中国文化之所以历经磨难而千古长存,原因固然不止一端,而其中之一应该与千百年来大家共读一本《论语》关系甚大。因为如果人人都能读好《论语》,并且身体力行,就能形成我们整个民族的核心价值观。不仅如此,《论语》中的思想与智慧,至今仍然闪烁着耀眼的光芒。我们当下的社会主义核心价值观就与其中的很多思想是一脉相承的。而《论语》中很多教育教学智慧,更是提升教师生命境界与教育品位的精神佳品。目前《论语》选本较多,王崧舟认为,一定要优中选优,比如李泽厚的《论语今读》、朱熹的《论语集注》、钱穆的《论语新解》、杨伯峻的《论语译注》、李炳南的《论语讲要》等。《论语》之外,还有王岳川的《大学中庸讲演录》、林语堂的《老子的智慧》、王觉仁的《王阳明心学》、星云大师的《六祖坛经讲话》等。

王崧舟认为,读好并了悟这些著作的要义,就等于对中国儒释道三家文化有了一个基本的认知,就会在生命长河里产生持久的能量,以至影响到人的话语方式、思维走向、生命状态与幸福指数。而对丰富自己的文化底蕴,当然也会起到不可小觑的作用。

第二类书系:灵性书系

灵性本来是人人生来就有的天性,就如孟子与王阳明所说的“良知”一样,人生而有之,《中庸》“天命之谓性”是也。不过,有的时候,它会被后天社会的影响所湮没。所以,老子主张要“复归于婴儿”。不过,灵性也并非不可以通过“修道”而成,所以子思说“修道之谓教”。既然先天灵性有可能被遮蔽与湮没,我们就有必要通过“修道”而让后天的灵性成长为一个人的灵魂魅力。

王崧舟说有以下六本灵性书特别受弟子们欢迎:魏斯的《前世今生:生命轮回的启示》、尼尔·唐纳德·沃尔什的《与神对话》、艾克哈特·托尔的《灵性的觉醒》、张德芬的《遇见未知的自己》、曾莉的《情商十五课》,以及王崧舟认为是最好的“禅”的入门书的《禅的黄金时代》。

王崧舟认为,有灵性的人,不但有智慧,心灵也会特别强大,因为他们明了生命中的一切均非偶然。在遇到各种各样的事情,甚至在一般人看来毫无生机的事情的时候,他们也能做到坦然应对,甚至可以化险为夷,转危为安。当然,有灵性的人,在平安与成功的时候,也绝对不会得意忘形,忘乎所以——因为一切皆是寻常。

第三类书系:美学书系

美学,应当成为教师尤其是语文教师的必修课。因为在某些教材中,就编入了有关美学的内容,只不过大多不需要对学生讲其美的本质、美感、审美经验、审美范畴和审美机制等理论术语而已。可当一个人拥有一定的美学基础时,他在教学的时候就会赋予课堂以美学的元素,学生虽不知理论所云,却能获得特殊的美感体验,并有助于其对课文的深度理解。

王崧舟认为,王国维的《人间词话》、朱光潜的《诗论》、李泽厚的《美的历程》、宗白华的《美学散步》、朱良志的《中国美学十五讲》、叶朗的《美在意象》,都堪称美学的上乘之作。如果对它们进行深入的研读,你就会步入美学的神奇殿堂,享受美的滋养,并升华人生的美学境界。

第四类书系:文学书系

文学名著应当是语文教师的必读之书,因为其中不但具有极其优美的语言,还有个性各异而又形象鲜活的人物。读者在感慨其人物悲欢离合的人生经历的同时,还会不由自主地去鞭挞假恶丑,张扬真善美。一些文学大师的短篇佳作或长篇节选,有的已经选入小学语文课本。从这个意义上说,文学书系与小学语文有着更深的连接。

中外文学名著浩如烟海,王崧舟既要精中选精,又要考虑到弟子们的阅读需求,所以,他的文学书系选的是曹雪芹的《红楼梦》、莫言的《生死疲劳》、马尔克斯的《百年孤独》、卡夫卡的《变形记》、福克纳的《喧哗与骚动》、泰戈尔的《泰戈尔经典诗选》。除了曹雪芹,以上其他几位作者都获得过诺贝尔文学奖。曹雪芹在世时还没有设立诺贝尔奖,可他的《红楼梦》却成了千古绝唱,是世界文学名著中的一座丰碑。

据王崧舟介绍,他的弟子在如痴如醉地阅读这些文学名著的时候,还写了不少体会感受的文章。既有结合自己教学的心悟之语,也有投注生活与社会的“入世”之作。这些在文学作品中汲取生命营养的弟子们,不但教学走上了“更上一层楼”的境界,其感悟世界的能力也比以前更强。

第五类书系:教育书系

教育有其自身的规律,王崧舟的教育书系则蕴涵着丰富的教育之“道”。比如他所选的苏霍姆林斯基的《给教师的建议》、杜威的《民主主义与教育》、佐藤学的《静悄悄的革命》,都是公认的教育名著。朱永新的《教育的奇迹》、杨斌的《教育美学十讲》,也各有千秋,读来颇为受益。

而他所选的刘晓东的《儿童精神哲学》,则是一般教师未必能够读懂的书,可是,它却是一本很值得一读的好书。作者试图在宏阔的精神文化发生史的视野中,观照和把握儿童的精神世界。所以,他认为儿童是思想家,是“历史之子”,是“成人之父”。诚如德国教育家福禄培尔所说:“孩子就是我的老师。”是的,它让我们发现,儿童的思考仍旧滋养着成人的内心。所以,一个真正抵达至善境界的教师,除了拥有智慧之外,还怀有一颗纯真的心。这让我们蓦然回首,突然明白一个道理:失去童心的人是不可能使生命臻于完善的。

第六类书系:语文书系

王崧舟是语文名师与大家,他的弟子也都是语文老师,推荐语文研究经典著作,就在情理之中了。如叶圣陶的《叶圣陶语文教育论集》、王尚文的《语感论》、王荣生的《语文科课程论基础》、潘新和的《语文:表现与存在》、孙绍振的《名作细读》。而他的著作《王崧舟与诗意语文》也在推荐书目之列。这是弟子们的要求,因为它是王崧舟的代表作,弟子们透彻研读,则可以窥见其语文教学的真谛。如果化成自己的智慧,便会让自己的教学水平产生巨大的飞跃。另一方面,古代就有祁黄羊“外举不避仇,内举不避子”的佳话,孔子闻之而称之曰“善哉”,并言“祁黄羊可谓公矣”。荐书于弟子,更应当不分内外。师从王崧舟,当然也要研究王崧舟。况且,这本书还不只是王崧舟的代表作,同时还是当今中国语文界的经典之作。不要说小学语文教师,我所认识的不少中学语文教师,也视之为必读之书,而且从中汲取了很多精神营养。

看了“六六”书系,不少人会惊叹于其内容的博大精深。也许有人会说,这对提升小学语文教师的教学水平,未必能起到立竿见影的作用吧?可在王崧舟看来,要想成为一个真正意义上的小语名师,不读这些书是绝对不行的。他常常说,一个真正的名师最后教的是什么?是底蕴。什么是底蕴?底蕴就是人的精神能量、文化能量和高级的生命能量。没有底蕴,或底蕴不厚实,哪怕你学了全套的“降龙十八掌”,那也还是花拳绣腿,中看不中用。诚哉斯言!对于目前一些看起来热热闹闹的课堂教学,如果稍微深入研究一下就会发现,那不过是各种技巧花样的呈现而已,至于文化底蕴,则难以见到矣。

教师要想丰厚自己的底蕴,非读书不可。不是读一般的书,而是读经典。久而久之,经典中的生命能量,就会走进你的心里,化为你的能量。那个时候,再进行课堂教学,无须刻意设计多少技巧,却能让人“于无声处听惊雷”,让学生与其他听课老师感受到你丰沛的意蕴与生命的价值。

3. 陈琴的“素读”经典

素读是一种学习古代典籍的方法,其特点是不追求对文本的深入理解,只是将其反复诵读,烂熟于心,从而达到夯实文化根基的目的。国际著名的右脑开发专家、日本教育博士七田真说:“这种不求理解、大量背诵的方法是培养天才的真实方法,也就是右脑教育法。犹太教育培养出了很多诺贝尔奖获得者,他们的教育就是以记忆学习为中心,强调反复朗读。”大量的事实证明:“素读”法直到今天依然是犹太人早期教育的主要手段。他们的孩子从三岁开始就要接受每天六到十个小时的教育活动,其中诵读经典是这个时期的重要课程。

陈琴老师

著名特级教师陈琴把“素读”课程放进课堂里,让其所教班级的学生皆能达到“背诵十万字,读破百部书,能写千万言”的课程目标。不过,也有人对此感到困扰,面对自己都读不懂的经典文本该如何教学生呢?其实,她带的弟子中,几乎每一个人一开始都面临过这种困惑。于是,她对他们说:你把自己当作一个正在读经典的初学者,而不是要教别人,你的学生都是你的读伴。试试看,当你尝试着读完一本《论语》,基本上能背诵下来后,你就用自己读这本书的方法教学生读。这种方法屡试不爽,几乎人人都会。也就是说,经典诵读哪需要多少技巧啊,把字面读懂,把整本书记下来,其他的都是自己学会的。读过《论语》的孩子,再读司马迁的《孔子世家》,学生都会有“哦,原来……”这样的文心相印的喜悦,不需要教师过多的诠释。陈琴说,这就是“素读”的含义,即不追求所读内容的深刻含义,只是纯粹地读。

小孩子记忆力好,这个时段不好好背诵,长大之后再背诵,不知道要费多长时间。人的生命随着时间的推移而发展,教育时机则是生命发展的一个关键问题。孩子在应该接受教育的时候不开始,浪费的不仅是时间,更是生命的潜能,甚至是一生的发展。所以,孩子学习的关键期不容忽视。犹如宇宙有一定运转规律一样,人的发展也有一个大体的定数。违背这一定数,或者逆道而行,近则失却学习大智大慧的机遇,远则失却终生发展的文化空间。

所以,年龄小的时候,形象思维能力比较强,就要多记忆;长大之后,逻辑思维能力比较强,则要以理解为主。

不过,成年人并不能因此而拒绝背诵经典。很多成年人在小时候没有背诵经典,成年后即使背得慢也要背诵,好好地为自己打点文化底色。特别是语文老师,更要在这方面下大功夫。教师只有自己背诵了经典,才能有底气要求学生去背诵啊。

4. 韩兴娥的“海量阅读”

一本现行教材教学一个学期,这是全国绝大多数学校撼之不动的定律。可是,齐鲁名师韩兴娥只用两个星期,就将一册语文教材教授完毕,而且不再布置任何与课文相关的作业。

韩兴娥认为,最具人文情怀的语文学科,由于教师翻来覆去地“精”讲,一遍又一遍作业、训练,使得语文学习变成了一场苦役、一种生命的浪费。看着学生对语文学习欲说还“愁”,读着六年学习之后依然味同嚼蜡的学生作文，韩兴娥老师开始怀疑与审视“神圣不可侵犯”的教材，难道一册区区几万字的小学语文教材，就要耗去学生半年的学习时间与生命？难道灿若群星的世界文化，就不能在课堂上让求知若渴的孩子们一睹为快？于是，她的课堂上更多时间是学生对经典的“海量阅读”。

韩兴娥老师

其实，一个语文老师，如果只看教材与教参，是绝对教不好课的，即使将教材与教参全部背下来，也不可能成为一个优秀的老师。因为要想提升自己的语文教学水平，关键是要有丰富的语文素养，即要大量地阅读高品质的文化经典。时间长了，其中的经典思想与语言，就可以化为自己的东西，从而构建属于自己的思想与话语系统。再教学的时候，就可以从一个更高的角度看教材、看教参，并探索属于自己的创造。这样教学，不是人云亦云，而是有品质与有个性。教学者感到教学是一种精神展示，学习者感到的是一种心灵享受。当学生也可以在课堂上不断地阅读高品质的经典文化后，自然也就有了新的品质，有了属于自己的语系。这样，学生学习语文，不但不会感到索然无味，反而会感到其乐无穷。

那么,如何走进经典?韩兴娥认为,这就要依靠老师在“海量阅读”的过程中选择最佳的读本。为此,她到北京、上海等大城市时,总会找机会跑书店。“跑书店看的与经典有关的书都是有趣的,艰涩的文字我读不进去,我们班里师生共读的书也是如此,有一定的文化品位,但没有太大难度,读着读着就感到好玩了。”当然,只是一定程度上的好玩。现在无论是大人还是孩子都离经典太远,读起来总是感到困难。有些学生自己读感到没有意思的书,全班共读就乐趣无穷了。

对于经典文化,一个人读,大多会感到非常困难。可是,“全班共读就乐趣无穷”。看来,小孩子读书,是需要一个阅读场域和氛围的。孩子们在一起读一起背的时候,会形成一种相互影响相互促进的气场。在这个场里,没有了艰涩深奥之感,没有了昏昏欲睡的感觉。我在采访韩兴娥的时候,发现孩子们一起背诵经典的时候,每个人都是精神振奋的感觉,他们声音中的快乐指数之高,让人有一种气冲霄汉的感觉。他们是在背诵,也是在抒发情感,是一种全身心的快乐,就连我们在场的成人,都有一种热血沸腾的感觉。这样的读,不但诵读效果好,也是一场审美之旅啊!

韩老师的学生读书之多,如果不亲自采访,是很难想象的。有的同学不但读了很多书,还能将所读过的与所了解的书目连缀成文,令老师与家长拍案称奇。比如魏榕同学的“书名联串”——《大卫·科波菲尔》诞生在《呼啸山庄》,《母亲》的去世使他成了《雾都孤儿》,他在《童年》《在人间》《我的大学》经历了《罪与罚》,付出了《孤星血泪》,逐渐对这个《悲惨世界》产生了《傲慢与偏见》。后来,《唐·吉诃德》成了他的《漂亮朋友》,他经历了《战争与和平》《红与黑》《阴谋与爱情》以后《复活》了。懂得了《热爱生命》,明白了《钢铁是怎样炼成的》,不懈地《追求》,使他终于成为《英雄恺撒》式的人物,并由此赢得了《上尉的女儿》的爱情,在《神奇的花园》,他接过《珍妮姑娘》送来的《麦琪的礼物》,满怀《理智与情感》,参加了《青年近卫军》,开始了新的《一生》。

三 疏离浮躁,淡泊名利

老子说:“轻则失根,躁则失君。”这是非常有道理的。作为教师,就应当有一颗文化定心。可遗憾的是,当今社会上功利之心蔓延,浮躁之心盛行。而这种浮躁和功利之气,也悄然走进了我们的校园,使这个本应拥有宁静心态的文化圣地也没了琅琅书声。正因如此,很多教师就不能够抵达心灵宁静的港湾,甚至与读书做了一场告别式的独语“演说”。教师要想发展起来,就要给自己的心灵留下一个阅读经典的空间,从而使自己的教学登上“一览众山小”的境地。这样下去,老师们就不会被外相虚幻的东西所干扰了。为什么呢?因为我们往往会被外在绚丽的景象所迷惑,甚至趋之若鹜。但是,殊不知,“五色令人目盲,五音令人耳聋,五味令人口爽”,在各种各样的诱惑下,你就会在不知不觉中走向精神自我放逐的困境。

（一）不拿学位的陈寅恪

陈寅恪教授

上个世纪，被当时的人们誉为“大才子”的刘文典说：“陈寅恪才是真正的教授，他该拿四百个大洋月薪，我该拿四十个大洋，朱自清只值四个大洋，沈从文，四个大洋都多了。”

从上面刘文典的话中，我们可以看出，陈寅恪水平是何其高也！是的，他是中国现代最负盛名的集历史学家、古典文学研究家、语言学家、诗人于一身的百年难见的人物，与叶企孙、潘光旦、梅贻琦一起被列为清华百年历史上四大哲人，与吕思勉、陈垣、钱穆并称为“史学四大家”，被学界誉为“教授中的教授”。他曾留学日、德、法、瑞、美等国，通晓十几门外语，其著述被同行奉为上上之作。

可上世纪20年代清华国学院刚刚成立，梁启超向校长曹云祥推荐陈寅恪担任导师的时候，却遇到了一些问题。曹校长问梁启超：“陈寅恪是哪国博士?”梁启超回答道：“他不是学士，也不是博士。”曹校长又问：“那他有没有著作?”梁启超回答说：“也没有。”曹校长说：“既不是博士，又没有著作，这就难了！”梁启超很气愤地说：“我梁某算是著作等身了，但总共还不如陈先生寥寥数百字有价值！好吧，你不请，就让他到国外吧！”曹校长这才同意聘请陈寅恪。

陈寅恪确实没有博士学位,连学士学位也没有。他只是吴淞复旦公学毕业,那时的复旦公学还不能算作正式大学,也不授予学位。陈先生自己认为,该校相当于"高中程度"。可他却成了清华大学国学院无名望、无博士学位、无著作的"三无学者"。

对于为什么不拿学位,很多人不理解,就连其侄儿陈封雄也不无纳闷,曾问他:"您在国外留学十几年,为什么没有得个博士学位?"他回答:"考博士并不难,但两三年内被一个专题束缚住,就没有时间学其他知识了。只要能学到知识,有无学位并不重要。"陈封雄的姑父俞大维说:"他的想法是对的,所以是大学问家。我在哈佛得了博士学位,但我的学问却不如他。"著名人文学者萧公权也感慨道:"我知道若干中国学者在欧美大学中研读多年,只求学问,不受学位。史学名家陈寅恪先生是其中最特殊的一位。真有学问的人,绝对不需要硕士博士头衔去装点门面。"无疑,陈寅恪多年出国留学的目的,真的是为学知识,而不是为了名利。我想,这也是他能够成为大师的重要原因之一吧!

有的人为了拿取一个学位,简直是不惜一切代价,有的连尊严都可以不要。所以,尽管学位拿到了,人格却没有了,学问也少了。若干年后,成就了了,流于世俗,何其可悲!

而陈寅恪,则成为一代大家,受人敬仰。

作为教师,也应当从中得到某些启示。虽然未必具有陈寅恪教授的高格,但也不能为当名师而不择手段。孔子说:"富与贵,是人之所欲也。不以其道得之,不处也。"关键是要合乎"道",通过正道得到,不是不可以的。不过,千万不要把名利看得太重。诸葛亮说得好:"非淡泊无以明志,非宁静无以致远。”拥有淡泊心怀、宁静心态，才能让生命更有光亮。

（二）心如止水的杜维明

杜维明（右）与陶继新（左）

杜维明是哈佛大学的博士生导师，其对于儒学研究的造诣之深在世界上也是屈指可数的。

我是2004年10月2日在山东大学邵逸夫科学馆贵宾厅采访杜维明教授的。采访时，对于我所提的问题，他回答得认真而又从容，举重若轻中，透露出大家风范与学者风度。如果说孔子与子贡称赞颜回是“闻一以知十”的话，杜教授则称得上“问一以答十”。这并不是说他游离了问题的主旨，而是说他总是纵横驰骋于问题的宏阔视野，给予提问者一个“横看成岭侧成峰”的多元观照。采访到中午1点还没有结束，已经有人几次催促我们吃饭了，但杜教授依然侃侃而谈，完全沉浸于他的儒家文化的精神领域，以致忘食忘时。他对于儒家文化的深入探讨，那种入乎其内的心态，绝不是一般人所具备的——没有一点点的浮躁，心如止水。

此后，我写了一篇一万字的《对儒家人文精神的多元观照——美国哈佛大学著名学者杜维明教授访谈》文章，2004年11月11日《中国教育报》以一个整版的篇幅予以刊载。在文章最后一段,我写了一个“采访附记”,称这次采访是一次“特殊的幸福之旅”,以抒写我心中的世界大家那种淡然的心态,疏离浮躁的心境。

现在回想起来,仍然感慨杜维明教授的平静与自然,想想与他握手道别时,那一抹灿烂的笑容,同他那儒雅的谈吐一起,迄今还收拢在我的心灵深处。我经常想,这样的大家为什么能疏离浮躁?是文化在起作用,是深层次的阅读在起作用。谈起儒家,杜维明教授就如同走进了他的心灵家园一样,甚至天真得像个孩子。老子有言:“复归于婴儿。”的确如此,到达至高境界,就有了“婴儿”的特殊状态。

大家尚且如此,我们的老师就更应当疏离浮躁,摈弃浮躁,静下心来好好读书。凡事虽多,但其中有价值的究竟有多少?我们应当把没有多少意义的事情搁置下来,腾出一片心灵的空间来安放文化、思考问题,这样,才能步入高层境界之中。

(三)静心读书的孔范今

2004 年4 月12 日,我在《现代教育导报》上发表了一篇长篇报道《“生于忧患”的杰出人文学者——山东大学博士生导师孔范今教授散记》。孔范今在现代文学研究领域堪称独树一帜。20 世纪的最后一天,《人民日报》发表了一篇回顾20 世纪现当代文学的文章,执笔者就是孔范今。他在“文化大革命”时,从山东大学毕业,分到曲阜,面壁十年读书,从先秦一直读到明清。一个研究现当代文学的专家、学者,研读中国的古代文化用了十年的时间,可以说孔教授把传统文化读透了。后来,他就由曲阜市教师进修学校调到

孔范今教授

山东大学，由一般的老师当了副主任，然后是主任，再后来是文学院院长。经过十余年的努力，山东大学中文学科已经跃居全国五强之列，与北大、复旦、南大、北师大同时获得一级博士授予权。可就在山大文学院进入鼎盛之时，1999 年春，他毅然辞去了文学院院长的职务。大家也许认为，山东大学是一方圣地净土，是一方学者的云集之地。而实际上，浮躁之风也在熏染着这座象牙塔，文学院院长的位置着实诱惑了许多人的眼球。但是孔范今经过两年的思想“奋斗”，还是辞去了这个院长的职务。究其缘由，孔范今说：“我原来是带有一种使命感，要把山东大学文学院经营好。现在经营好了，我的历史使命完成了，那么，我就要投入到我的学术研究中，要静下心来继续读书。”不为名利所动，这是怎样的境界！凡是大家，莫不如此。

（四）不争职称的张万祥

张万祥是享受国务院政府特殊津贴的专家型德育特级教师，在不少人急功近利甚至见利忘义的时候，平常心却使张万祥老师的心灵在宁静的港湾中怡然自得。

张万祥老师既是区政协常委，又是人大代表，得兼于这两个荣誉者，全区只有两人。每年两会期间，张万祥老师总是骑着一辆自行车，悠然地穿梭于会场之间。

张万祥老师

他认为，游弋于自己平静的心灵湖泊之中，才能幸福一生。因为幸福是一种自我感觉，它与物质没有必然的联系。所以，他从不与人攀比物质享受，只是热衷于比精神享受、比思想人格、比文化品位。

张万祥老师甚至对唾手可得的荣誉也很少关注。第一次评职称，他根本就不争。他说，职称只是一种形式，文化素养才是根本。上个世纪90年代初，他应邀到沈阳给1300余位老师讲德育工作，人们问他是什么职称，他说是中学一级教师。在全国已经有了很高知名度的张万祥，竟然还不是高级教师？这真令人匪夷所思。

从1994年开始，他才陆续评上了中学高级、特级教师职称，并享受国务院政府特殊津贴。

从教30余年，张万祥担任班主任达26年，所带班被评为市级三好班集体，曾获共青团中央、中国科协的表彰。在省市级教育报刊上发表论文130余篇。作为主要作者与人合作出版《班主任的一百个怎么办》《班主任工作研究》《班集体活动论》等著作16部，出版个人专著《班主任工作创新艺术

100 招》，编写了《新课标德育资料库》。这些著述，让他在成为全国著名班主任的同时，也成为一位很有文化修养的教师。如果他太过浮躁，就很难有这么多的成果。有了心灵的宁静，读书与写作，不但会有量的增多，更会有质的提升。

四 读书教学，相得益彰

都说“教学相长”，我说“读教”也“相长”；都说“读书破万卷，下笔如有神”，我说“读书破万卷”，教学也能“如有神”。

大部分老师非常敬业，在备课时花费了很长时间，但有的时候效果并不理想。原因在什么地方呢？就是教师只关注教材文本与教参文本，没有超越教材与教参的、属于自己精神文化的东西。也就是说，在教学的时候，只能重复他人的故事，重复他人的言说，我称之为鹦鹉学舌、邯郸学步。是不是别人的经验不可以移植呢？虽然可以学习，但教学的本质不是“拿来主义”。因为不管有多好的现成教案，不管有多高水平的名师，你不可能真正地克隆它。教学实际是一个人内在文化素养的外化，如果腹中空空，教学就永远进入不到游刃有余的地步。

一个文化积淀很厚的老师，他也会看教材和教参，但他更关注课外的更大范围的文化。于是,就有了一个属于他自己的思想文化领地。这样,在教学当中,就有了属于自己的话语与思想,旁征博引,纵横捭阖,进入到“教学如有神”的境界。

(一)学养深厚的于漪

于漪老师

于漪是上海市第一批最有影响的特级教师之一,是我特别佩服的一位学养深厚的资深教师。

我是1986年赴上海采访于漪老师的,采访的地点就在复旦大学她的家里。不管我从哪一个层面提出问题,她都会给予一个有的放矢、言简意赅的回答。她那从容自然的话语中,蕴藏着一种“道法自然”的美丽。所以,采访于漪,既是丰富自己写作素材的过程,也是审美体验的过程。后来,我听了于漪老师几场讲座,一场几个小时,没有任何讲稿,于漪老师讲得不单单生动形象,还有一个严密的内在逻辑链条。我总感觉是在听一首富有意境的散文诗,而又在不知不觉中领略了教育的要义。

于漪老师的教学更是富有色彩,即使一个提问,她都设计得独具一格。比如她教《孔乙己》这一课时,就有一个很精彩的提问:“有人说,古希腊的悲剧是命运的悲剧;莎士比亚的悲剧是人的性格的悲剧;易卜生的悲剧是社会问题的悲剧。看到悲剧使人泪下,《孔乙己》这篇小说写了孔乙己悲剧的一生,可是我们读了以后,眼泪不会夺眶而出,而是感觉内心一阵痛楚,这是为什么呢?这是因为孔乙己的悲剧是在笑声中进行的,那么孔乙己的悲剧到底是命运的悲剧、性格的悲剧,还是社会的悲剧呢?”

大家知道,小说中的悲剧和现实当中的悲剧不是一个形态,小说中的悲剧是从美学方面谈的。鲁迅先生给悲剧下过定义,他说,悲剧是将人生有价值的东西毁灭给人看。莎士比亚笔下的哈姆雷特、《红楼梦》中的林黛玉,都是集真善美于一身的人物,但作者通过其生命的毁灭引起了读者心灵的震颤,这就是悲剧的效果。那么,喜剧是什么呢?鲁迅先生说,喜剧是将人生中无价值的东西撕破给人看。如此看来,于漪老师给学生提出的问题是美学问题,而美学并非中学生所学的内容。但是,她的学生回答得既快又正确。为什么能做到这一点呢?因为于漪老师在教育教学过程当中已经渗透了相关的美学常识。我想,这些问题只有大师于漪才能提出来,也只有于漪的学生能回答出来。有的老师听了以后感到异常精彩,不是“他山之石,可以攻玉”吗?于是,他就拿同样的问题问自己的学生。结果,学生都傻了。其实,这个老师也未必真正明白。

为什么同样的问题于漪能问,而有的老师不能问呢?这是因为于漪是教育大家。她读了多少书?又背了多少书?这是我们一般老师不能与之相比的。语文教学流行这法那法,于漪却没有创造任何教学方法与模式。她认为,教师个性不同,学生个性不同,教材的课文不同,环境各异,任何固定的模式都不可能一一对应到不同教师的教学上去。用同一个教学模式去教不同的文本,面对不同的学生,试图教好,却往往事与愿违。只有积淀了丰富的文化底蕴之后，才能够以不变应万变。我甚至认为，于漪老师的课堂教学已经进入了“道”的境界。

（二）“平”中见奇的薛法根

薛法根老师

小学语文教材中的一些课文，尤其是白话文课文与语言自然浅近的古诗，对于学生来说，并无多少文字障碍，有的也少语义蔽障。所以，有的老师认为这些课文言近意浅，并无奥妙，讲起来也就平淡无奇，学生听起来更是索然寡味。

其实，某些白话文和古诗，尤其是名家之作，往往将言外之意、象外之旨隐藏在看似平常的语句之中，“迷惑”了一般的老师，更“欺骗”了很多学生。

全国著名小学语文特级教师薛法根老师的高妙之处在于，他总能从“平”中见出奇，从“无”中生出有，并巧妙地引领学生走向那个美妙的境界。

为了让读者也能领略其教学风景之美与意蕴之深，我结合薛法根老师执教的一篇课文中的一个教学片段，为大家慢慢地道来。

白居易诗风浅近易懂，有“老妪能解”的传说。《夜雪》一诗（已讶衾枕冷，复见窗户明。夜深知雪重，时闻折竹声），如果只观文字，亦无深奥难解之处。可是,细细品味,又觉其中诗意沛然,意蕴悠长。如果没有老师的引导,小学生多难步入诗的意境之中。而薛法根老师巧妙地让学生从“无”中看到了有,从“平”中见到了奇。我们不妨看看其中的一个教学片段——

师:夜雪,顾名思义,就是夜里下雪。当时诗人在哪儿呢?

生:诗人应该在窗前看着天上下雪,不然的话,怎么知道夜里下雪了呢。

师:哦,诗人一直在等着看下雪?(众笑,生感觉有点不对。)

生:诗人在屋子里睡觉。夜深人静,谁会一直傻站着不睡觉啊?(众笑)

师:其实诗人在诗中清清楚楚地告诉了你,注意关键的字。

生:我知道诗人这时正在床上睡觉。“已讶衾枕冷”中的“衾”和“枕”是说作者正在被窝里睡觉呢!(赞叹声)

生:诗人正在被窝里睡觉,是被冻醒的。(众笑)“已讶衾枕冷”的“冷”就是告诉你,当时诗人的被子和枕头都是冷的,所以他是被冻醒的,因为我们睡觉时的被窝都是暖和的。(众又笑)

生:我补充,这还不是一般的冷,是冰冷冰冷的,“讶”就是冷得让人惊讶。

师:看来,同学们已经设身处地,像诗人那样地想,像诗人那样地生活了。(众笑)读诗就要体验作者当时的情境。那么,作者在被窝里睡觉,又怎么知道外面下雪了呢?

生:(争先恐后地)作者被冻醒了,连被子和枕头上都是冰冷的,就知道是下雪了。

师：雪夜寒气重，衾枕忽觉冷。这是从“触觉”上知道下雪了。

生：作者看到窗户亮起来了，就猜到是下雪了。

生：夜里漆黑一片，窗户按理说应该是黑乎乎的。“复见窗户明”是说现在明亮起来了，那是雪光映到窗户上了，不是天亮时的亮光。

师：对呀，“雪光”映照在窗户上，泛出白色。这是从“视觉”上判断下雪了。

生：诗人是从竹子折断的声音中判断出下雪了。

师：哦，能不能说得更透彻些？

生：竹子上积了很多的雪就会折断，“时闻折竹声”，诗人不时地听到竹子折断的声音，就知道下雪了。

师：你能模仿一下“折竹”的声音吗？

生：“咯吱。”

师：那是“竹枝”折断的声音。

生：“咔嚓。”（众笑）

师：显然，折断的是竹梢，或者是整个竹子了。这是从“听觉”上知道下雪了。

生：诗人说“夜深知雪重”，这个“重”就是积雪压断了竹枝，发出清脆的声音，由此就知道下雪了。

生：雪积在松枝上的时候，感觉沉甸甸的。风一吹就一颤一颤的，好像很重的样子。（赞叹）

师：啊，你能凭借生活中的经验来体会这个“重”字，真会读书！这是从“知觉”上知道下雪了。诗人从“触觉、视觉、听觉、知觉”上判断出这是一场雪,那么,诗人知道这是一场小雪还是大雪呢?

生:(热烈讨论,略)

最初,薛法根老师提出第一个问题"当时诗人在哪儿"时,多数学生还停留在诗的表层理解上,甚至误读了诗意。但他没有批评学生,也没有直接说出答案,而是很幽默地用了一个疑问句:"诗人一直在等着看下雪?"于是,学生恍然大悟。这时,薛老师依然不点破机关,而是让学生注意"关键字"。于是,学生便从"冷"与"讶"中,知道了这是由于下雪引起的。其后的两个提问"怎么知道外面下雪了?""这是一场小雪还是大雪?"则引领学生走进了诗的深层意境之中。

对于课文中隐藏起来的要义,如果老师直接告诉学生,学生的记忆是不会深刻的,因为在其思维向度没被打开、心情亦不兴奋之时,即使当时记下某些东西,也很难留在大脑的深层。薛法根老师"道而弗牵,强而弗抑,开而弗达" 的教学智慧,则让学生走进了"知之者不如好之者,好之者不如乐之者"的审美境界,而且于不知不觉中体悟到了白居易这首诗的妙趣。

当然,这节课"平"中所见之奇、"无"中所生之有还不止于此,有些隐蔽得更深。如果不是对白居易其人其诗有所研究,是很难发现其"奇"其"有"的。鲁迅先生说得好:"我总以为倘要论文,最好是顾及全篇,并且顾及作者的全人,以及他所处的社会状态,这才较为确凿。要不然,是很轻易近乎说梦的。"读这首诗,我们当然也要了解白居易本人及其所处的社会状态。有了这种思考,再一细想,"折竹声"于"夜深"而"时闻",就不只是描写冬夜的寂静,还写出了诗人的彻夜无眠;不只是"衾枕冷",更透露出诗人穷困潦倒及谪居江州时心情的孤寂。

以上所谈，薛法根老师心知肚明，所以，他不仅引领学生感知诗人依次从触觉（冷）、视觉（明）、感觉（知）、听觉（闻）四个层次侧面描写的艺术手法，而且引领学生发现了诗中的“新大陆”。

评价薛法根老师的很多课，如果不对其人及教学风格进行深入研究，也往往会步入“平”的误区之中。可真正走进薛法根老师的语言系统与思想殿堂之中，就会惊诧地发现，很多看似自然朴实的话语与平淡无奇的设计，都有他的匠心独运与出神入化之妙。之所以能够抵达如此之高的境界，是因为他既有深厚的文化功底，又有超越常人的教学智慧。要想真正领悟这种大象无形之妙，不是仅从方法技巧上就能够学来的，还要有情怀与境界。他是一位校长，工作之忙可想而知。可他一直站在小学语文讲台上，因为他爱学生爱教学如爱生命，他的每一次课堂，都在与学生共同演绎着生命的精彩，所以才有了“平”中见奇、“无”中生有的生命张力。

那么，薛法根老师何以能有如此的神奇呢？这自然与其长期从事课堂教学有关，丰富的教学经验，加之特殊的教育感悟，让其教学之时，总能游刃有余，且又新意迭出。同时，还有一个被隐蔽了的原因，那就是他不但大量阅读了中外教育名著，还将其活化成了自己的东西。在教学的时候，虽然不着意追求奇妙与深义，但其教学智慧与灵感总能招之即来，甚至不招自来，从而摇曳出属于他的独具特色的教育教学风景。

（三）锤炼“功夫”的华应龙

全国著名特级教师华应龙在整个小学数学界赫赫有名。他的“化错教育”早已响彻大江南北。这其中的妙道，竟然与其研读老子的《道德经》有着

华应龙老师

密切的关系。

他认为老子“复归于婴儿”是大智慧之言，他甚至认为真正的名师就是一个大“儿童”，都有童心。可华应龙老师在孩子们的眼里还是大人，还是老师。那么，如何让自己更低一些，融入孩子之中呢？华老师想到了老子之言：“上善若水，水善利万物而不争，处众人之所恶，故几于道。”华应龙老师认为，真正得“道”的老师，恰如水一样，应当处于下位，是不与学生“争”的。所以，在课堂上，他常常有意让位于学生，有时还故意让自己出错，让学生指出自己的错误，演绎一番“弟子不必不如师，师不必贤于弟子”的精彩“故事”。正是由于有了与孩子们“不争”的教育智慧，他的课堂才有了“天下莫能与之争”的奇彩异光。

有人说，老子的哲学是无用之学；可华应龙老师说，“无用”很多时候就是“大用”，这就看你怎么在创新中应用。不只是老子，世界上很多大哲学家的“无用”之学，都有“大用”的妙道。所以，当一般人认为数学老师只需要研究公式定理及解题技巧的时候，他更多关注古今中外大哲学家的哲学。他如痴如醉地阅读世界哲学名著的时候，常常有心游天境、妙不可言的感觉。于是，他从哲学的高度俯瞰教育。在一般人看来，真正的数学大门是难以开启的，在他那里却出现了动力转换，以同心圆的名义，轻易就打开了一扇变中求新、新中求进的大门，从而让人们惊讶地看到一番绚丽多姿的瑰丽景象。

一般人认为,数学老师不需要像语文老师那样读那么多的书,只要多研究数学试题,就可以在教学中应付自如了。华应龙老师也研究过大量的数学题,特别是那些具有共性特征的重点题与难题,以及学生易出错的题。不过,他又有超越一般数学老师的地方,那就是他读了很多大师的作品、许多理解起来有很大难度的哲学著述。

为什么读这些表面上看来与数学教学风马牛不相及的书呢?

华应龙老师认为,书籍是一盏盏生命之灯。从本质上来看,这些书是为生命打功底的,当一个人有了生命功夫的时候,也就有了“本”,“本”立才能“道”生。因为这些书多为古今中外的大师所写,大师的光芒无处不在,其中蕴涵着生命的哲理与智慧。读这样的书,就等于听大师的生命点化与智慧开示,从而为生命积淀一笔非凡的智慧。大师们的精神与智慧,就会渐渐地嵌入灵魂深处,并与其生命相链接,活跃在大脑之中,彰显于课堂教学之间。这种智慧为其平时的数学教学注入了神奇的能量,从而让他的课在不经意间闪烁出智慧的光芒。这让很多人感到惊诧,于是有人问他,是不是早就精心预设好了?他说,其实更多时候是灵感突然降临,才让教学有了出奇制胜之妙的。因为它早就隐藏在华应龙老师的智慧宝囊里,当某个场景需要它出现的时候,它就会自然地展开“翅膀”,一跃而出,放射出奇异的光彩。

这让我想起了陆游对他儿子所说的一句话:“汝果欲学诗,工夫在诗外。”华应龙老师一直在研究着数学教学的理论,也在实践中持续不断地进行着探索,可他有着一般数学老师很少有的“诗外功夫”。而这些看似与数学教学无关的“功夫”,让他抵达了一个常人难以企及的高峰。

由此,读者可能已经看到华应龙老师是如此贴近老子与孔子等大师,且具有非凡的底气和功力。这种功夫，可谓冰冻三尺，非一日之寒也。

数十年来，华应龙老师从来都没有与书疏离。他读经典之作，何止于汲取大师的精华，有的时候，他也与这些大师进行心灵的对话，感受其乐无穷的幸福。所以，不管工作多忙，他都以书为伴，用书来滋养自己的生命。这种大功夫，甚至可以说是笨功夫，恰恰是其走向名师的关键所在。

有的老师希望成为名师，愿望固然很好，可是，如果没有让自己成为名师的功夫，即使由于某种机遇而临时风风火火地登上"舞台"，成了"名师"，最终也必然"泯然众人矣"。

华应龙老师在与青年老师交流的时候，常常引用孔子的一句话："无欲速，无见小利；欲速则不达，见小利则大事不成。"成为名师绝对不是一蹴而就的事情，它有一个内在的规律。这不只是需要研究教学内容本身，还需要为走向更高层次积淀丰厚的文化。

欲解开华应龙老师超越常人的密码，不但要研究他丰富的课堂个案中的一个个解题妙方，还要从本质上向他学习，几十年如一日地走进经典文化之中。当功夫积淀到了一定程度的时候，名师也就"道法自然"地横空出世了。

（四）"腹有诗书"的苏静

苏静原本是青岛市嘉峪关学校的小学老师，走上教学岗位 8 个月的时候，参加了青岛市的新教师"比武"大赛，并荣获了一等奖的第一名。这在人们看来是不可思议的事情。为什么这样说呢？因为青岛市是教学高手云集的地方，初出茅庐的苏静，怎么能一举获胜呢？其实，我在采访她前也一直

苏静老师

思考着这个问题。通过深入的采访，我才明白，苏静之所以能一鸣惊人，缘自她的读和背。她究竟背了多少文章，背了多少诗，这是个未知数。所以我给她写的文章，正标题就是“腹有诗书气自华”，副标题是“苏静老师与青云斋、兰若轩的诗词情结”。苏静把班里的学生分成男女两个诗社，男生的诗社名叫“青云斋”，女生的诗社叫作“兰若轩”。课上课下，两个诗社经常饶有兴趣地读诗、背诗和作诗。这些孩子原本并不会作诗，背的诗也比较少，但在苏静老师的引领下，竟然爱上了背诗和作诗，一个个像小诗人似的，每天都要背上几首、写上几首。后来，苏静老师对他们要求越来越高，限时作诗，甚至要求他们两分钟作诗一首。经过一段时间的练习，奇迹诞生了，他们竟然个个成了立马成诗的“小诗人”。

2001 年 5 月，青岛市青年教师举行“比武”课大赛，苏静讲的课是《诗歌长廊》。教学中间，她出人意料地让评委给学生出题作诗，并说两分钟即可成诗。评委在毫无准备的情况下，出了“小草”“未来”两个题目。两分钟后，苏静老师将学生的诗作全部收上来，任意取了几首往屏幕上一打，全场的人都惊讶了。怎么也没有想到，这么小的孩子，竟然在这么短的时间内写出了如此好的诗!

我们不妨看看孩子们当场作的几首诗词——

纪建辉同学的《未来》:展翅高飞十万里,望至天涯身影无。未来高楼拔地起,来时仙境去时苦。(绝句;注:此为藏头诗,每句诗的开头一字联起来即是“展望未来”)

王晨燕同学的《小草》:草,绿如碧丝异妖娆。草衬花,颜容别样俏。(十六字小令)

陆地同学的《小草》:不比花香,不比树高。苍天之下,青青小草。(四言古风)

周煦同学的《未来》:她是一个美丽的梦想,她是一个久远的传说,她是一个可爱的童话,她是一个不变的承诺。她是什么?她是一条通往成功的路,她是一首饱含笑泪的歌。她在何处?她就在我们凝视的远方。(散文诗)

比赛的结果可想而知,23岁的苏静获得了一等奖,还是第一名!

苏静何以能独占鳌头呢?

因为当今教育生态的污染是非常严重的,苏静保留了教育原生态的东西,她没有被污染。另外一个很重要的原因,就是她经常对我说的一句话:“我就是读书的动物。”她读的书很多,层次也比较高。正是因为这一点,尽管年轻,她却拥有了比较深厚的文化底蕴。正如孔子所说:“后生可畏,焉知来者之不如今也。”

我们现在学生有多少会作诗的?寥寥无几。是不是别的学生没有这个天赋?不是。每一个孩子内心的深处都蕴藏着作诗的种子,只是我们没有给它浇水,没有给它施肥,所以就不能开花,不能结果。想想我们中国古代的文人,几乎人人都会作诗。今天为什么不会了?因为我们的老师在孩子本应当诗兴大发的时候,斩断了孩子走向诗的王国的道路。孩子们本可以背诵大量的诗文,我们的老师却把少有价值的练习题充塞到其大脑之中,于是,就把诗的光华湮灭了。

当时采访苏静的时候,我问了她一个问题,你的学生背诗、赏诗、作诗是不是很困难呢?苏静的回答很有意思:"孩子们读诗、赏诗、背诗、作诗,正像鸟儿在天空中婉转地歌唱,蝴蝶在花丛中自由地飞舞,鱼儿在水中自由地游动一样。我只不过是归还孩子们一个自然而已。"

我们现在的教育,为什么没能回归自然呢?因为我们没有顺应孩子发展的天性,没有把孩子本应该有的发展潜力挖掘出来,反而抑制了这种潜能。其实,每一个孩子都可以成为天才,我们的老师和家长却把他们当成庸才来培养了。所以天才不再,庸才遍地都是。这无疑是当今教育的一个悲哀。

后来,我又以《她教的学生富有诗才》为题,于 2001 年 9 月 11 日在《中国教育报》上以将近一个版面的篇幅对苏静老师的教学进行了报道。大家知道了,从此之后,苏静就有了"教育上的 9 · 11"的绰号。当时任苏州市副市长、苏州大学博士生导师的朱永新教授慧眼识才女,看到我的这篇报道后,以特招的方式将苏静招为自己的研究生。2007 年研究生毕业后,苏静因成绩特别突出而进入青岛大学,成了这所本科大学的教师。

也许有人认为苏静运气太好了,抱怨自己没有这样的机遇。其实,所有的机遇都只光顾有准备的头脑。每一位教师都希望如苏静一样脱颖而出,但是,你要为自己创造机遇,多读书,多背书。那有的老师说了,我现在根本没有时间读,备课多么忙啊!这的确是事实。备课不好,是教不好学的。可是你有没有想过，如此下去的结果，将是一种恶性循环。越是读书少，备课需要的时间越是多，课反而越教不好。因为没有文化积淀嘛！

其实，读和教是相辅相成的，没有高层次的阅读，就没有高水平的教学。有的老师认为没有时间读，我想，是你没有寻找读书的时间，你没有充分认识到读书对你的教学所起的重大作用。我们备课确实需要时间，但是，如果这样日复一日地教下去，你教的还是别人的东西，形成不了你的个性、你的风格。我提个建议，从今天起，大家就开始每天拿出半个小时的时间读好书，半年或一年之后，用一个小时读书，两年之后两个小时……结果你会发现，备课的时间逐渐减少了，读书的时间渐次拉长，你的课却上得越来越好了，而且有了自己的观点与思想，有了属于自己的话语系统。这样，你的读与教就步入到了一种良性循环的状态。所以说，“读书破万卷，教学如有神”。

（五）“说话接龙”的丁惠臻

丁惠臻老师和孩子们

和丁惠臻老师初识，是在2011年4月23日“济南市历城区首届推动读书十大人物”颁奖大会上，而且是由我给她颁发的获奖证书。当时，我就对这个小学教师的诵读经典与“说话接龙”产生了浓厚的兴趣。

2012 年 12 月 3 日，应历城区教育局副局长吕芳红和实验小学郭淑慧校长之邀，我听了丁惠臻老师的“说话接龙”课。在这节课上，丁老师为我们奉上了满汉全席般的“接龙大满贯”。课堂上，学生“说话接龙”不但轻车熟路，速度极快，而且成语诗词脱口而出，国学经典信手拈来，一片人人闯关、个个胜出、激情高扬、热血沸腾的景象。如果不是亲临现场，简直不敢相信这是发生在小学六年级课堂上的一个“传奇”。

尽管走过好多学校，听过很多老师的课，但我还是被丁老师的课所震撼。在评课的时候，我对学生快速说话接龙的精彩表现给予了高度评价。尽管此前曾听实验小学先后两任校长谷长新、郭淑慧说起过丁惠臻老师对《论语》等国学经典倒背如流，说话接龙课搞得有声有色，可是，她与学生在课堂上“激扬文字”的壮观场面，仍然让我有一种“措手不及”的惊讶与兴奋。学生所学经典之多、思维之开放、表达之酣畅，远远超出了同龄的孩子们。这种新颖别致、省时高效的学习方式，应该推而广之！

我当即表态：“由中国教育报刊社宣传策划中心举办的‘第五届名家人文教育高端论坛暨名师课堂研讨会’，将于 2013 年 5 月举办，确定丁惠臻老师作为上课的名师之一！”之所以如此“唐突”地表态，是因为我在全国听过无数名师的课，而像丁惠臻老师如此上课者，真的是“几稀矣”。尽管她在全国小语界名师殿堂里尚无一席之地，可是，以她的实力、智慧、创新、坚韧和“功底”，完全可以在这个殿堂里一展风采。

果然不出所料。2013 年 5 月 20 日，“第五届名家人文教育高端论坛暨名师课堂研讨会”在济南商贸学校报告大厅顺利举办。由丁惠臻老师执教的《说话接龙——〈论语〉主题接龙》课拉开了序幕。先是“成语接龙”。丁老师邀请参会的老师随口说出一个成语，学生则刷地举起一片小手，如百花争艳般地开始接龙，并且随即又有“成语开花”，让听课老师拍手叫绝。几分钟内100多个成语此起彼落，犹如“大珠小珠落玉盘”一样美妙。来自全国各地的1000多名小学语文界的骨干教师，以及对人文教育颇有研究的校长、教研人员等，在丁惠臻这个“名不见经传”的年轻教师的课堂里深深陶醉了，他们全神贯注地聆听着，生怕错过了孩子们的每一次发言。

随后的“接龙大满贯”更让老师们惊讶不已，刮目相看。依然由参会的老师随口说一句诗词，孩子们依然是争先恐后，由末尾字起始，诗词歌赋、国学经典，如旋风般疾速，似暴雨般喷发，在学生口中一个接一个地飞速“旋转”下去，几分钟内已接龙100多个诗词谚语，让听者慨叹于这些稚气未脱的孩子们何以拥有如此深厚的经典“底子”，思维又怎能如此敏捷？所有听课者都如痴如醉般地沉浸在孩子们的经典“游戏”之中。

正当大家暗暗叫绝的时候，丁惠臻老师话锋一转，开始了《论语》主题接龙，一鼓作气开了“孝、仁、文、礼、乐”五个龙头。学生的思维更加开放，“斗志”更加“昂扬”，出现了你争我抢的局面。《论语》中关于“孝、仁、文、礼、乐”的原典语句，由孩子们的口中一一流泻而出，如涌动的春潮澎湃而来，大家听得目瞪口呆。我身边的一位教师竟然情不自禁地咏叹起毛泽东的词句：“数风流人物，还看今朝！”

课堂成了学生演绎精彩的智慧场，而丁惠臻老师站在舞台一侧，嘴角含笑，退避三舍，心甘情愿地做学生的配角。

正当孩子们热火朝天、欲罢不能的时候，丁惠臻老师叫停了这场接龙“大战”，又抛出了一个新的话题。为此，她提高了嗓门：“同学们，每每和你们共读《论语》的时候，感觉仿佛回到了2500年前的春秋时代，赶着马车，带着书籍,周游列国,颠沛流离中,不失谆谆教诲。下面你们就是那七十二贤哲之一,提出疑惑问题,我来解答。请同学们勇敢地问,我答不上来的,没关系,‘三人行,必有我师焉’,台下有上千的老师,肯定会帮助我们,或者由你自己来解答也行,好不好?”

这是一个极具挑战性的话题。教师即使对《论语》谙熟于心,在这种场合下,即兴回答“弟子”的提问,也有可能“卡壳”。

剑已亮出,没有回头之势。

在场的不少老师,也为丁惠臻老师捏了一把冷汗。

“弟子不必不如师,师不必贤于弟子。”一向爱戴丁老师的孩子们,早就习惯了老师的“纵容”,马上对老师“群起而攻之”。一个又一个的提问接踵而来,让人几乎没有喘息之力。

显然,丁惠臻老师也有点紧张,尤其刚开始,面对学生的提问,她也曾一度拍拍脑袋想一想。可是,后来,她便进入了状态,“弟子”一个接一个按《论语》原句提问,“夫子”一一按《论语》原句作答。

扣人心弦,精彩绝妙!

会场上掌声不断,高潮迭起。丁惠臻老师和孩子们的这场“夫子”与“弟子”的“问答录”完美收官。

丁惠臻老师说:“谢谢同学们,让我当了一回孔老夫子。我们在学《论语》、读《论语》的时候,也要在生活中不断地实践《论语》。下面请同学们畅所欲言,就自己最喜欢的一句《论语》,结合生活实际来谈一谈自己的所思所想。”

这是高潮过后的尾声,却仍然涨着澎湃的潮。学生的情绪再一次被调动起来,显现了他们学以致用的水平。

这节课刚一结束,很多老师就迫不及待地问我:“丁老师和她的学生怎么有这么高的水平?”

绳锯木断,水滴石穿;冰冻三尺,非一日之寒也。

10 年的朝读晚诵,经典研磨;20 载的苦心孤诣,上下求索。持之以恒而又自愿地付出,才成就了今天的丁老师。东坡先生“宁可食无肉,不可居无竹”,而丁老师则是“宁可服无华,不可居无书”。她把其他女子美容、逛街买衣服的时间都用在了读书、学习上。而且诵读得愈多,愈感到经典之伟大。读之悦之,得之升华之。于是,更多的时候,不知时光之流逝,唯有与大师精神相遇的喜悦与美妙。

每天的读与背,以及在课堂上学生接龙经典文化时的学习与感悟,让丁老师有了越来越丰厚的文化储备,也有了越来越高的教学水平。与学生共同演绎的经典接龙的精彩,就成了她生命中最绚丽的诗篇。

在此后的 2016 年 4 月,于济南铁道大酒店举办的“第八届名家人文教育高端论坛暨名师课堂研讨会”上,丁老师所上的说话接龙课更加精彩。所有的听课人员都沉醉在匪夷所思的飞速接龙的梦幻之中。

丁惠臻的大名由此走进了教育界领导与校长、老师们的心里。于是,一些教育主管部门与学校陆续邀请她去现场讲课与讲学,而丁老师每次都不负众望。安徽省巢湖春晖学校朱必忠校长请丁老师到学校上课与讲学之后,激动不已地给我打来电话说,几十年来,这是他与老师们听到的最激动人心的好课!

是的,丁惠臻的创举,为小语界的语文教学开辟了一片新天地。肺腑之言,我们的语文课堂真的需要一场春雨的洗涤了。

近两年来,全国上百所学校实践“说话接龙”,效果都特别理想。前文记载的《说话接龙——〈论语〉主题接龙》一课只是丁老师“接龙”教学的一个剪影，如果更多地“跟踪”她的课堂教学，你就会发现“横看成岭侧成峰，远近高低各不同”的妙趣。俯视或回望都是一种享受。

在课堂教学上收获精彩的同时，丁惠臻老师也出版了深受读者欢迎的个人著作。她在《走进经典——说话接龙》和《成语接龙大闯关》两本书中，呈现了画龙点睛的精彩——词语接龙、说话接龙、主题接龙、小说接龙、接龙大满贯等不同的接龙形式，记载了她和学生共同“经营”和“横渡”经典文化教与学的快乐历程。许多老师阅读了丁惠臻老师的著作，便能身临其境般地感受、参悟丁老师的课堂精髓，从而得到更多的启迪与借鉴。

“少而好学，如日出之阳；壮而好学，如日中之光；老而好学，如炳烛之明。”期待更多的老师能够如丁老师一般，怀着一颗谦虚、好学之心，研读经典，揣摩教法，共同走进传承经典的文化行程之中。相信只要起步，就会八面来风，精彩地活一回。

五 深入阅读，思想介入

孔子说：“学而不思则罔，思而不学则殆。”读书，特别是阅读经典，不能只是看热闹，或者只读文本之中的字面意思。经典文化不是一读就懂的，真正意义上的经典阅读，需要阅读主体的思想介入，还需要与现实生活和教育内容的内在链接。从某种意义上来说，深度的思想介入，是阅读主体和作者进行心灵对话的前提。

（一）哲学思考者刘建宇

刘建宇老师

我采访的刘建宇也是把读书与思考有机结合起来的老师，而且还是一位农村教师。他是山东省临沂市罗庄区册山中学的一位数学老师。我是 2002 年去采访他的，那个时候这所学校还没有一台电脑，但是刘建宇的教学别有风采。

采访之前，就有人告诉我说，刘建宇老师有一根数学教学的魔鞭，变幻莫测，异常神奇——他教的学生中，90% 的同学喜欢数学，80% 的同学认为数学简单，45% 以上的同学在初二下学期开始不久便自学完了全部初三课程，而且有的学生还学完了物理和化学课程。2000 年 6 月，5 名初一学生自愿参加初三毕业考试，均获佳绩；2 名初二学生在初三全国数学竞赛中进入全区前 8 名；67 名初二学生破例参加全市组织的数学中考，平均得分超出全市初三学生的平均分 6.8 分，有两名学生突破 110 分（满分 120 分）。2001 年 12 月，在全国数学竞赛预赛中，全区前 4 名均被刘建宇班的学生包揽。在

2002年4月7日的决赛中，他的两个学生在全市排名中进入前三名，并获得了国家级竞赛奖。

那么，刘建宇是不是让学生做了很多练习题，且加班加点呢？不是。他从来不布置一道课外数学题，而且还在课堂上讲哲学、革命故事，甚至在中考之前还让学生在课堂上观看电视转播的世界杯足球赛。

为什么会是这样呢？刘建宗对我说，高层次的数学教学，其实是一种数学教育，是让学生智慧生成的思维之旅。他说，世界杯里有激战，也有智慧之争、人格之美，作为一个社会中的人，学生理应从中获取自己应该得到的东西。它不会影响数学的学习，相反，还会给他们以激励、鼓舞。他们在老师的信任与“放纵”里，尽情享受着被理解、被尊重的愉悦，进而生成一种持之以恒的学习动力。他说，讲革命故事，不是枯燥的思想灌输，而是感性的人文关怀，是向学生隐性地注入高尚人格的因子。而在课堂上讲哲学，与数学教育更是休戚相关，数学本来就是哲学王国里的一个重要成员，马克思主义哲学的传播是每一位数学老师义不容辞的责任，是真正教好数学的一条捷径。刘建宇老师给学生讲《资本论》《共产党宣言》等，从容自若中透射出哲理的光华。他说，我是将数学教学当成了教育与哲学来对待的。

刘建宇还对教材进行了重新组合，其课堂教学形式更具有哲学况味。比如他的“家庭炉边谈话式课堂教学”，就有其突出的特点——随和、融洽、自然与轻松。数人一围，无尊卑之别，唯友情相处；无严肃气氛，唯兴趣使然。就某一问题或几个话题展开讨论，人人敢想、敢说、敢做，最后达成共识。这种形式唤起了学生内心深处的求知欲望，个体创造性思维被挥洒得淋漓尽致。他还创建了“微型小说式课堂教学”的教学形式——大家知道，微型小说通过幽默活泼和言简意赅的文字，诠释丰富的人生哲理，从而给读者留下回味与思考的空间。刘建宇老师认为,在一定的时间与空间里,数学教学也应该是微型小说式的,也应该赋予它很深的哲学内涵和性格智慧内涵。哲学内涵包括事物间的辩证性、联系性与规律性,数学课堂教学则可以将这种哲学内涵具象化。比如数学知识的同中求异、异中求同,问题的一题多解、多解归一、多题归一,处理问题的发散与集中的观点等。性格智慧内涵则包括解决问题时的探究意识、主要矛盾意识,解决问题后的反思意识,反思问题时的归纳意识,能够体验到的任何事物的研究所应遵循的认知—理解—归纳—升华的规律意识。让学生懂得学习不是单一地获得知识技能,而更应该包括获得技能的方法和拥有“没有最好,只有更好”的良好学习心态。让学生更多地掌握静与讨论、解与反思的关系,从而实现学会—会学—性格智慧的转变。

2007 年 9 月,刘建宇被山东省教育厅评选为山东省十大教育创新人物,省内外的教师也常常慕名前来拜访。尽管人们乘兴而来,但往往并不能如愿以偿。为什么呢? 因为如果没有他那个底蕴,仅从方法上是学不到精髓的。现在的一些所谓的教学改革,好多是在表面上做文章。结果,改革一阵子后,大都没有多大的收获。刘建宇老师没有玩什么花样,也没有唱什么改革的高调,但由于读书层次高,思考教育深,从而登临数学教育的高峰。所以,我以“数学教育:智慧生成之旅——刘建宇老师的诗意教学与哲学思考”为题,来写他的教育思想与教学改革,此文在 2002 年第 10 期《山东教育科研》上发表后,引起了很大的反响。

现在,刘建宇已经成为北京市育英学校数学特级教师,在全国的影响越来越大。2017 年 11 月下旬,在由中国教育报刊社宣传策划中心主办的会议上,他所作的《从教学走向教育的思考与实践》报告,更有理论的深度与高度。刘建宇在读高层次之书的同时，也在思考初中数学的哲学之美，并带领他的学生走进了数学学习的审美境界里。

（二）学贵有疑者邱学华

邱学华老师

邱学华在全国小学数学界以至更大的领域，享有很高的声誉。他是江苏省特级教师、中小学荣誉教授，享受国务院政府特殊津贴。他16岁成为一名农村小学的代课教师，1956年进入华东师范大学教育系深造。毕业后留校任“小学数学教学法”教师，后任中学教师、常州师范学校校长、常州市教育科学研究所教研员，现特聘为常州大学尝试教育科学研究院院长、常州市湖塘实验中学名誉校长，同时任南京师范大学、华东师范大学、鲁东大学等高校兼职教授，为基础教育及理论建设继续工作。编著图书200余种，在国内外教育杂志上发表近700篇文章。1989年获首届优秀教育理论著作奖，1999年获全国第二届教育科研成果二等奖，2014年获基础教育国家级教学成果一等奖。他的尝试教学法的应用范围已遍及全国，使用教师人数有80多万，受教学生人数达3000多万。此外，尝试教学法也走出了国门，受到许多国家的关注。

我采访邱学华的时候，他已经八十多岁了，可依然神采奕奕，活跃在全国小学数学界。他坚持不懈的努力，尤其是持之以恒的读书，给我留下了非常深刻的印象。

他从农村小学教师岗位考进华东师范大学，激动之情可想而知。而更令他感到幸福的是，华东师大教育系名家云集：创办了我国第一本心理学杂志——《心理》的心理学家张耀翔教授，任教普通心理学；我国首位介绍德国格式塔心理学理论的心理学家萧孝嵘教授，任教儿童心理学；专注于意识心理学研究领域的当代心理学家胡寄南教授，任教生理心理学；全国著名小学教育专家沈百英教授，任教小学算术教学法；赵廷为教授任教小学语文教学法；赵祥麟教授任教外国教育史……聆听这些大家学者的讲课，不仅能让自己的精神世界丰盈起来，还是一种思想上的审美享受。

然而，让邱学华没有想到的是，1957 年开始了反右运动，1958 年是“大跃进”与“教育大革命”。其间，大学正式上课的时间便寥寥无几了。

但这并没有阻隔求知若渴的邱学华的学习之路，不上课的时候他就去图书馆读书。这里是一个知识的海洋，那些做梦都想读的好书，在这里则可以信手取来。当他徜徉在书海里的时候，就不知不觉地走进了“发愤忘食，乐以忘忧”的境界。邱学华的好学感动了图书馆管理员，他被允许与老师一样，一次借 10 本书。

持续不断地吸纳古今中外教育大家著作精华的邱学华，理论水平也逐渐提升起来。而且，他明晓“学而不思则罔，思而不学则殆”的要义，总是一边学习，一边思考。他发现，这些教育家的理念各有不同，但有一点是相通的，那就是：相信学生，尊重学生，主张学生通过自己的学习获取知识，生成智慧。正如捷克教育家夸美纽斯在《大教学论》中开篇所言:“寻找出一种教学的方法,使教员可以少教,但是学生可以多学。”追溯千百年来的教育史,可以说,无论是古典先哲还是近现代学者,无一不努力追寻一种“少教多学”的教学艺术。这对邱学华产生了很大的影响,也成了他的教学追求。

明代学者陈献章有句名言:“学贵知疑,小疑则小进,大疑则大进。疑者,觉悟之机也。一番觉悟,一番长进。”北宋理学家张载也曾说:“在可疑而不疑者,不曾学,学则须疑。”正是秉持着这种“学则须疑”的精神,邱学华不但能从异中见同,还能从社会公众的看法中发现问题:陶行知的思想如此丰富,为什么不受重视?

切磋琢磨中,行走于书斋与田野之间的邱学华,开始对陶行知先生的教育思想产生了浓郁的兴趣,进而展开了更加深入的研究。愈研究,愈感到陶行知是一个伟大的教育家。他的“捧着一颗心来,不带半根草去”“以科学之方,新教育之事”“生活即教育,社会即学校,教学做合一”等思想,无一不闪烁着熠熠的光辉。

邱学华对陶行知的“小先生制”尤感兴趣。陶行知在普及教育实践中依据“即知即传人”的原则,采取小孩教小孩、小孩教大人的方法,可谓前无古人。他说:“小孩子最好的先生,不是我,也不是你,是小孩子队伍里最进步的小孩子!”他甚至说:“人人都可以当小先生。”这不但是一种大胆的设想,而且还有了教育实践。

这些理论所隐蕴的深刻思想以及陶行知先生躬身践履的研究精神,使得邱学华开始进行更彻底的反思与重建。的确,熟识不等于真知。如果没有陶行知的“小先生制”,谁能想到要小学生当老师,甚至教大人?美国教育哲学家杜威也曾在《民主主义与教育》中说过,学习者必是在自我经验中发现意义。鼓励小学生成为“小先生”的做法虽然打破了我们原有的课堂结构与主体角色，却成为孩子学习与成长的过程中极其宝贵的经历与体验。事实上，现实的教学生活中，还有太多我们原以为正确的观念与看法，需要我们作为教育者去追问其存在的理由和追寻更好教法的意义。

教育情怀的呼唤，研究精神的坚守，在邱学华的心里种下了一颗种子。他认为，对于很多前人与别人未做的事情，也许就在大胆的尝试中，便可寻索出一条可行的解决之道。

（三）精神旅行者贲友林

贲友林老师

深沉的思考和纯真的童心看似矛盾，其中却暗藏着内在的联系：唯有充满好奇心，才能发现身边存在的种种问题；只有充满探索欲，才会去追根究底地探索问题的答案。但若纵情声色犬马，沉迷交际应酬，则会丧失这份难得的灵气。著名特级教师贲友林宁静致远，淡泊名利，所以才有了童心与哲思共舞的“得兼”之妙。

有人认为贲友林不识时务，就连他的好朋友华应龙也说他“有些糊涂”。“本来他应得的没得到，他不知道，更不会去理论；本不该他做的，布置给他了,他还做得有滋有味。”贲友林看似有些迂腐,但只要沉浸到数学的海洋里,那种世俗意义上的“迂腐”便荡然无存——思维敏捷,灵光闪现,充满了探索和求知的欲望,与那个不善言谈的他判若两人。

贲友林在二十多年的教学过程中,留下了很多珍贵经验,拜读他的笔记和总结,很难想象这些洋洋洒洒的文字竟然出自一位看起来有些木讷的数学老师之手。其专著《现场与背后》中每一篇课堂教学实录之后,都有一篇“教学手记”,看似是针对本次课的心得体会,其中却蕴含着很多不完全属于课堂教学范畴的内容。手记中写下的很多教育教学哲理,会让人从思维的迷宫中跳脱出来,进入“柳暗花明又一村”的境界。

在“解决问题”课堂教学后,他有这样一段“手记”:在“让学”的过程中,教师对教什么和怎样教应有更深刻的认识和把握。该教的,才教;当教的,方教。教,服务学生的学,促进学生的学,而不是遮蔽学生的学,替代学生的学。

在这里,贲友林对“教”提出了自己的观点:教,是一颗心向另一颗心穿越,是将学习的主动权归还给学生。教学生之所需,教学生之所思。激发学生的内在潜力,调动他们的主观能动性,让学生在自主的状态下进行更高效的学习。这样,课堂就由教师教学的单一思维向度,变成了学生的无数个思维向度。有时,某些思维之间会碰撞出火花,这些碰撞体验让课堂气氛一改往日的沉闷单调,变得色彩缤纷而激情四射。

虽然自由的课堂氛围会碰撞出意想不到的火花,但受制于本身的知识储备,学生的某些讨论可能会偏离原本的轨道。这个时候,贲友林便不失时机地从“隐蔽”处一下子“冒”出来,给学生“纠偏”。这纠正的过程看似简单,其中却别有门道。既不能使学生继续在错误的道路上越走越远,也不能打击他们自主探索的积极性。贲友林采取巧妙点拨的方法，既照顾到了学生的情绪，又在无形之中掌握了课堂的节奏，将学生的讨论引入正轨。贲友林说，“小蝴蝶”经历了成蛹的寂寞和破茧的痛苦，此时送他一缕阳光，他便拥有了凌空飞舞的喜悦和自信。显然，这就是贲友林一直使用的技巧和追求的课堂效果。

在“商不变的规律”课堂教学之后，他的“手记”更具开放性：“数学人生”，因思考数学问题而让内心宁静而丰富。这是否就是数学的人文价值呢？谈及数学，似乎是理性的、抽象的、严肃的、工具性的，与人文相悖。而我所说的，是数学的理性思考带来的内心体验与精神旅行。

如果说发现一口井是聪慧，那么，挖掘一口井便是开拓。

将理性思考和人文精神相结合的“数学人生”，是贲友林从事教师工作多年来的经验概括和拓展。深入研究数学，不但可以窥到其内在之“真”的妙道，而且还会让自己的思维敞开。正是在这个过程中，贲友林品尝到了数学之美，体会到了“挖井”的快乐——它不再是单纯的数字，而是涵盖了社会价值和人文精神的重要学科。研究数学，使原本繁杂的生活变得单纯，让原本浮躁的心灵变得沉稳。“知之者不如好之者，好之者不如乐之者”，在数学中得到的审美快感激励着贲友林继续往前探索。

这种生命感悟不应只是贲友林一个人的专利，还应推而广之。让更多的老师也走进这种境界之中，去享受“发愤忘食，乐以忘忧”的幸福，并学会点亮学生思维的火花，让他们的学习由一场又一场心力交瘁的苦役变成放飞思维、积极探索的快乐之旅。

辛苦，但不心苦；忙碌，但不盲目。贲友林每堂课后都会对自己的课堂经历进行总结，许多年过去，这份“心经”已经累积了厚厚几大本。将易逝的课堂锁定为长存的文字，对自己的实践进行反思和重建，以实现持续而富有意义的“静悄悄的革命”。形成文字的过程，既是与自己对话、跟自己诉说的过程，也是独步教坛、形成风格的过程，更是他摸到教改“骨头”，孔雀慢慢开屏的过程。

在贲友林的“教学手记”中，如上文提到的精妙哲思随处可见。古人说：“思作睿，睿作圣。”贲友林一直在实践着，也一直在思考着。而且他的所思所想已经超出了单纯的教学体系，变成了个人对自我存在的思索。世间对每一个问题的思索都会推进到对生命意义的思考，贲友林也正是这条追求道路上的一位不断奔波的思者与行者。

六 经典为伴，幸福一生

我读书的一个重要体会就是“经典为伴，幸福一生”。为什么这样说呢？

第一，诵读经典可以使人趋真向善。真正大师的作品，里面都蕴含着真善美。诵读多了，耳濡目染，你也就会一步步向大师靠近，这种真善美的东西就会走进你的心灵里面去。当今社会上之所以假大空横行，一个重要原因就是人们疏离了经典文化。有人说，一个天天读好书的孩子，即使坏也坏不到哪里去。这是很有道理的。

第二,诵读经典可以使人宁静致远。现代人为什么大都喧嚣浮躁呢?我认为没有被文化滋润着心灵的人必然会浮躁。大家想一下,在当今这个时代,人们大都是“熙熙攘攘,皆为利往”。但是,你一旦拥有了文化,就会像孔子所说的那样:“饭疏食饮水,曲肱而枕之,乐亦在其中矣。不义而富且贵,于我如浮云。”有了文化定心之后,可以使你不管处于什么状态下,都能有一颗平静的心。

读书给我带来的快乐是难以言表的。工作之余、夜眠之前、早起之际,捧读一本好书,很快便将自己带到一个宁静的港湾,不知老之将至,不知烦琐纷争,唯有将自己融入宇宙自然的洒脱与飘逸、从容与愉悦。

大家知道,济南的夏天是非常热的,有的时候可以高达三十八九度甚至四十多度。但是,我在济南工作35年来,我的卧室与办公室不仅没有空调,连电风扇也没有。晚上一旦躺下,心里却感觉到很平静,尽管有的时候也会有少许的汗流出来,但是因为心里的宁静,所以还是会安然躺下,自然入睡。盛夏时节,我在办公室写作的时候,也会有汗水不断地流下。为此,我在办公室备了几件可以随时替换的单衣,汗水浸湿了身上的衣服,就换一件,把近乎湿透了的衣服洗一洗,放到阳台上晒干。于是,我的同事戏言道:“陶老师的衣服穿不坏却洗坏了。”可我并不感到热不可耐,反而慢慢地适应了这种炎热与高温。尤其是进入写作状态后,连天热也不知道了。

我的写作,有时甚至是在一个别人认为特别喧闹的场所里进行的,比如火车上、会场里,只要打开电脑,写起文章来,我就如入无人之境一样。这是诵读经典之后才有的文化定心。

第三,诵读经典还可以使你宠辱不惊。我们往往计较这,计较那;这也担心,那也害怕;甚至为了一点小事就吵了起来。这自然与一个人的性格有关,但也与文化修养分不开。我就很少生气,但并不是天生就有这个秉性,以前也经常为一些事情大动肝火。但是,这些年来,由于不断地诵读经典,所以把很多事情都看开了。有人说,陶老师是不是一个老好人?不是。遇到该批评的人和事,我往往比一般人还敢于直言。但是,事过之后,我不会将情绪长期压在心里,而是很快将其消融与化解。有的时候,遇到在别人看来特别值得高兴的事,我也多是平静待之。可以说,基本上做到了宠辱不惊。

第四,诵读经典还可使人气质高雅。我常说,文化就是以文"化"人,经典文化内化到个体的心里,外化出来也必然存有经典气质。大凡读好书比较多的人,其言谈举止中都会呈示出高雅气质来,给人一种精神高贵的感觉。

作家三毛就曾说过这样的话:读书多了,容颜自然改变,许多时候,自己可能以为许多看过的书籍都成了过眼烟云,不复记忆,其实他们仍是潜在的。在气质里,在谈吐上,在胸襟的无涯,当然也可能显露在生活和文字里。我感到,特别是女性,如果经常诵读经典,就会有一种静穆恬淡的情绪在心里徘徊,显得越来越年轻,越来越漂亮。我看过一位女士写的一篇文章,她说,虽然36岁了,可是,人人都说她最多只有二十六七岁的样子。所以,一些希望青春永驻的女士就询问其年轻的秘诀何在,也有的问她到底用了什么美容佳品。她说,高级美容佳品从来没有用过。如果说有秘诀的话,那就是天天读世界名著。她还说,工作回家之后,大部分时间都是在读书。有时也会遇到这样那样令人不高兴的事情。可是,一旦读起书来,所有的烦恼都没有了,有的只是深入经典作品之中的特殊快乐。这种持久的快乐,就是一种最好的美容佳品。大家想想,经典诵读之后,男士更有风度,女士更加美丽,何乐而不为呢?

读书的好处几乎人人都知道,可是真正与经典为伴者依然不是太多。那么,究竟如何才能步入经典诵读的境界呢?我的体会是,需要经由三个层次。

第一个层次是坚持。不知大家在看我的网站时是否留意过这样一篇文章,是一位女士写的。她说,听了陶老师的《读书与教师成长》报告之后热血沸腾,下决心要好好地读书了。回家之后,什么没干,就捧起经典读了起来。可是,坚持了没几天,就感到坚持不下去了。她说,名人和一般人是不一样的,我是凡人,坚持不下去了。不过,她说,我还有一个儿子,我一定要让我儿子坚持下去。让儿子坚持下去是一个很大的进步,但是,她本人还是应当坚持下去的。我们不但要改变孩子的精神与生存状态,还要改变我们自己。真要改变自己,就必须从经典诵读开始,且一定要坚持下去。

第二个层次是形成习惯。如果坚持时间长了,就会自然而然地形成习惯。一个人的良好习惯的形成是很重要的。如果有一个读书的良好习惯,就会一生受用。如果感觉读书与我们的吃饭睡觉一样,每天都不可少,就会日有收获,天天进步。

第三个层次是审美。这也是诵读经典的至高境界。孔子说:“知之者不如好之者,好之者不如乐之者。”李泽厚先生是这样解释的:第一个“知”是在知识层面,第二个“好”是在道德层面,第三个“乐”是在审美层面。如果一读书就感到快乐无比,心里愉快,就进入了审美层面。进入这个层次,就超越了习惯,对经典就会真正地舍之不可、乐此不疲了。进入这个层次之后,就会在诵读经典的过程中,发生脱胎换骨的变化。

读书不是一时的事情,也不单单是为了教学,而是为了终生的幸福。如果不读书,就没有精神寄托,就没有给自己的精神和灵魂定位。如果没有给精神和灵魂定位,身体就会垮掉。所以,我们每一位教师为自己一生计,为奠基一生的幸福计,就应当去诵读古今中外的经典。请相信,它一定会助益你一生幸福的!

与教师互动

问:现代文学大师鲁迅先生不主张孩子诵读中国古代经典。在我们教《从百草园到三味书屋》和《社戏》课文的时候,也可以感受到这一点。您与鲁迅的看法可大不一样啊!对此,不知陶老师做何解释?

答:其实,我也是从小就读鲁迅先生的《从百草园到三味书屋》《社戏》等课文的,不但深深地喜欢上了这些作品,而且开始将鲁迅先生当作自己的偶像来崇拜。1983 年参加工作不久,我就用 36 元买了一套《鲁迅全集》,大家可能不知道,那时候我一个月的工资只有 37 元,其他再无收入。可是,它让我有了比这些工资大得多的收获。后来,我与董操、蔡世连共同编著出版了《鲁迅论儿童教育》(山东教育出版社,1985 年 8 月第 1 版)。所以,我与鲁迅先生及其作品早就结下了不解之缘。2004 年 4 月 17 日,我还专门到绍兴鲁迅故居去游览,真切地看到了文中描写的百草园、三味书屋、咸亨酒店等。现在的百草园虽然与鲁迅小时候的原貌相比发生了很大的变化,但依然是一个令人特别是孩子们神往的地方。园子不大,可是花木相映,生趣盎然。孩子们喜欢这个地方,是天性使然,所以有人称这里是孩子放飞心灵的地方,而三味书屋则是窒息孩子天性之地。

目前，在这个认识层面上的还是大有人在，以前我也如是说。可是细细想来，这又有点太过武断。在三味书屋，我们亲睹了鲁迅小时候就读过的书桌，破破的，坐落于书屋的东北角。本来鲁迅的座位并不在这个方位，因为同伴们经常在寿镜吾老先生不在的时候去后面的园子里玩耍，出出进进影响鲁迅的学习，他才主动要求挪至这个孩子们并不愿坐的座位上的。而且因为一次迟到受批评后，他在桌上自刻了一个“早”字，以此自责、自励，提醒自己早早到校，此后他就再也没有迟到过。今天，当年鲁迅刻过的那个“早”字依然赫然在桌。我想，这个“早”字不单单刻在了桌子上，更刻在了他的心里。可以说，没有三味书屋，就没有作为文学家的鲁迅；没有寿镜吾老先生的严厉，就没有鲁迅辉煌的成就。如果鲁迅先生小时候只是在百草园游戏复游戏的话，他能成为文学大师吗？要是没有他父亲严格的管制——你背不好我就不让你看五猖会——鲁迅先生能背诵这么多经典吗？可见，孩子放飞心灵固然重要，而在其学习的最佳时段让其学有所得则更不能忽视。

对此，鲁迅即使到了成年，还是耿耿于怀。他过多地接受了这种“反面”的教训，所以，他在教育自己的孩子时犯了一个错误。大家知道，鲁迅先生在上海的时候，他在楼上写作，他的夫人许广平上楼的时候都是蹑手蹑脚，上去之后，即使是放杯茶水也要轻轻地放下，然后悄然退下。但是，他儿子海婴可就不一样了，蹬蹬蹬地跑上楼，不管父亲的写作多么重要，随便把他的手稿和书扔得遍地都是。鲁迅不但不生气，反而很开心地笑起来。也许是老来得子，他对孩子有一种特殊的娇惯，太过放纵，又过多地接受了原有的所谓的教训。所以，再没有像他的父亲和寿镜吾老先生那样严格要求海婴诵读经典。在文学成就方面，“有其父必有其子”的规律并未在海婴身上显现，上述方面可能是原因之一。

现在,人们多是关注孩子的天性,在“让其自由发展”这一现代教育理念的影响下,忽略了对孩子高层次的文化培养。我看过鲁迅小时候读的一些书目,多是“四书五经”等一些古代经典。所以,在让孩子挥洒天性的时候,切勿错过培养其成才的最佳时段,切勿忘记让其吸取高层次的文化精神营养。

有人也许会说,鲁迅是一个天才,一般的孩子学习古代经典恐怕是力不从心的。其实,我们的教育者往往容易低估学生的阅读水平,诸如古今中外名著、反映当代思想文化水平的美文佳作,学生完全可以在教师的指导下,自主自觉地去阅读,并在潜移默化中拓宽知识视野,陶冶思想情感,增强审美情趣,提升文化品位。

问:中国现代文学史上的一些文学巨匠,大多没有学过语法修辞,他们的语言却那么符合语法规范,修辞手法用得也恰到好处。这到底是什么原因呢?

答:你提的这个问题很好。是的,他们大都没有学过语法修辞。20世纪80年代曾有记者采访过巴金,问他语法修辞是怎么学的。巴金的回答出乎记者的意料,他说,直到今天我还不知道什么叫作语法修辞。记者随即问他,为什么你的《家》《春》《秋》等作品中的语言那么符合语法规范,像拟人、夸张、比喻等修辞手法也用得恰到好处,甚至达到一种炉火纯青的程度?巴金老人说,我把《古文观止》背诵一遍,就写出来了。大家知道,《古文观止》是中国历史上最优秀的文言散文集之一,像《岳阳楼记》《醉翁亭记》《出师表》等优秀散文都被收录其中。这就是经典文化对个体之“化”的结果。想来也是,《马氏文通》的语法修辞传播也只有100多年的历史,此前的人们并没有学习语法修辞。现代人学习古代汉语最好的范文是什么呢？是先秦诸子散文。大家想想，两千多年以前，我们的先人并没有什么语法修辞，我们却要将他们的文章作为语法修辞的典范来学习。这是为什么？就是因为语感。语感超越语法的地方恰恰是在这里。我认为，一个人的语文水平高低更重要的在于语感。包括我今天给大家讲课的话语，并没有着意考虑符合不符合语法规范，用什么修辞手法更能说明问题或更加生动，也没有考虑这些话合不合逻辑要求。比如，我没有考虑是主从关系，还是交叉关系，抑或并列关系，也没有考虑是演绎推理、类比推理还是归纳推理，但大多没有问题。这就是语感在起作用。语感恰恰是一个人文化水平高低的试金石。怎样才能形成良好的语感呢？这就要不断看书，看好书；甚至不断地背诵，背经典。久而久之，就会在你的大脑中形成一种语感系统。就可以在出口成章的时候，并无多少语病，反而还相当合乎语法规范，甚至还特别生动形象。

大家知不知道，茅盾的《子夜》这部不朽巨著横空出世的原因在哪里呢？自然，与茅盾的生活经历、对生活的感知能力有关，另外，就是他对中国传统文化的诵读。茅盾是把《红楼梦》从头到尾全部背诵下来的，甚至哪几段话在第几页第几行都了如指掌。这也正是他能成为文学大师的内在原因吧！

问：孔子诞生于公元前 551 年，到 1949 年中华人民共和国成立，正好 2500 年。从 1949 年到 2018 年，只有 69 年。中国在这两个时段里，哪一个时段学生多？一般都会说是那 2500 年。其实未必。中华人民共和国成立的时候，中国才有 4 亿多人。中国历史上人少的时候只有几千万人口甚至几百万人口。但是，一个怪诞的现象产生了：1949 年以后出生的人口中，极少有诺贝尔奖获得者，也极少有世界级的大思想家。但 1949 年以前出生的呢？每

一个时代都有一个或者几个，甚至一批世界大师。我们不妨略举一些说明，先秦时期不仅有大诗人屈原，还有老子、庄子、孔子、孟子、墨子、韩非子、荀子等一群世界大思想家；秦汉时期出现了伟大的史学家和文学家司马迁；魏晋南北朝时期不仅有大诗人陶渊明，还有大文学评论家刘勰；隋唐时期不单单有李白、杜甫，还有一批世界级大诗人；宋朝也不单单有大文学家苏东坡；元、明时期也不只有王实甫、汤显祖等戏曲大师；清朝也不只是一个文学家曹雪芹；五四时期也不只是鲁迅、郭沫若，还有不少世界级的大师。同时，古代还出了像祖冲之、张衡等世界级的大科学家。

陶老师，您能不能说说这到底是为什么呢？

答：我认为主要有四个原因。

第一个原因是我们的先人知道一个起码的常识，孩子开始上学的时候就要“取法乎上”，读的是什么书呢？“四书五经”。何谓“四书”呢？“四书”就是孔子与其弟子等人的对话录《论语》、孔子的弟子曾子所作的《大学》、曾子的弟子子思也就是孔子的孙子写的《中庸》、子思的再传弟子孟轲所作的《孟子》。我们现在的孩子一上学却不是“取法乎上”，因为成人们认为“四书五经”太难了，所以，小学生一上学学的是“上中下，左中右”“小狗小猫”等非常简易的知识。

第二个原因就是我们的先人知道另一个起码的常识，少儿阶段是记忆的黄金期，这个时候要让其大量背诵，先做好文化积淀，以后方能厚积薄发；但是，我们的今人往往认为这是一个创新的时代、创造的时代，所以从小让他创新创造。但是如果没有文化积淀做支撑，所有的创新创造都会成为天上白云、空中楼阁、水上浮萍。

第三个原因呢，是我们先人对中国传统文化的继承和发扬；但是，我们今人对中国优秀传统文化的重视程度还有待加强。

第四个原因是我们的先人可以面壁十年读书,有一颗文化定心;我们的今人面对五光十彩的世界,失去了定心,心里浮躁起来了。所以,大师不再。中国有皇皇五千年的文明史,我们真的是愧对祖先啊!

有的人说,会不会还有政治原因呢?不能说完全没有。中华人民共和国成立之后,1978年之前,中国的政治运动比较多,特别是还有一个"批林批孔"运动。但是,我认为这不是本质的原因。大家看一下苏联,列宁、斯大林时期,不是也有政治运动吗?特别是斯大林时期,比我们中国的政治运动更多,问题也更严重。但是,照样出诺贝尔奖获得者,照样出世界大思想家和文学家。这是为什么呢?因为苏联是世界上人均读书最多的国家之一。我于2003年11月份到俄罗斯访问时,在飞机场、火车上等地方,发现周围的俄罗斯人大都在安静地看书。现在看看我们的国人,在飞机上、火车上、火车站等一些地方,绝大多数人是在拿着手机"刷屏"。我并不是说其中没有好的内容,可从整体上来说,更多的是低层次的文化。人们就在不自觉中受到了这些低价值文化的浸染。这样,怎能抵达高层次阅读的境界呢?又怎能有比较多的大家出现呢?

那么,世界上读书最多的是哪个民族呢?是犹太人。马克思就是犹太人,爱因斯坦也是犹太人。现在有一个口头禅是这样说的:"世界上的钱在美国人口袋里,美国人的钱在犹太人头脑里。"犹太人何以如此优秀?关键是文化的作用。他们一年人均读书64本,是世界之最。他们从儿童时期就开始读经了——在传统的犹太社团里,儿童很小就接受了读经教育。根据犹太经典的规定:儿童6岁开始学习读经,最通用的教学方法就是背诵,不管是否理解,先得熟读成诵。据说,现代的犹太女性一有了孩子,就把工作停了。孩子再长大一点儿,每个母亲都会拿同样一个问题让孩子来猜。问题是这样的:假如有一天你不幸遭遇火灾,你的房子被大火包围,在你逃命的时候,最不能忘记携带的是什么?这是每一个犹太孩子都会遇到的问题。面对这样的提问,他们认为所要携带的东西不外乎是一些珠宝钻石之类可以维持生活的财产。但是,这些答案会一再被母亲们否定。在孩子们急切地想知道正确答案时,母亲就会告诉他们:应该携带的不是金银财宝,而是一种无价之宝,它的名字叫智慧。

智慧来自哪里?当然并非一途。可诵读经典当是重要的一条途径。在聪明的犹太人眼里,一个人要想生存,要想在社会上立足,要想永远立于不败之地,就必须不断强大自己,丰富自己。生命宛如一棵树,要想茁壮你的根,繁茂你的枝,葱绿你的叶,你就必须用智慧的甘泉不断浇灌自己的生命。

当然,有了智慧,也就有了丰硕的成果。据统计,在美国百万富翁里有20%是犹太人,获得诺贝尔奖的科学家里有33%是犹太人。无产阶级革命家、思想家马克思,世界级画家毕加索、拉斐尔,科学巨人爱因斯坦,外交家基辛格,音乐大师门德尔松等,都是这个民族的杰出人物。

可喜的是,现代有的人已经觉悟,并在诵读经典后,取得了非常骄人的成就。

不知道大家读过真格基金联合创始人、新东方联合创始人王强所写的《人生最大的捷径是用时间和生命阅读一流的书》这篇文章吗?其中有如下的内容——

北大出了许多企业家,这让我非常自豪。我经常回忆,北大为什么会产生企业家?我一直以为清华才可能产生企业家,因为它搞科技。

北大是学术的殿堂,是精神自由的三角地,是自焚的地方,是结束肉体的地方,是让灵魂再生的地方。企业、上市等好像与北大无关。但是经历了这么多年人生后,我明白了北大为什么会产生企业家。

以北大的32楼为例,当年我和俞敏洪作为北大青年教师住在该楼的第二层。后来俞敏洪创办了新东方,成了伟大的企业家。

第三层楼,当年住着一个来自山西的叫李彦宏的青年,天天在水房里光着上身用冷水冲澡,唱着"夜里寻他千百度,你在哪呢",天天念"百度"两个字,于是后来诞生了百度公司。而从知识储备来讲,李彦宏无论如何都不可能做企业,他是学图书馆系科技情报专业的。

第四层楼住着北大中文系的愤怒诗人黄怒波。这些年来,黄怒波令人刮目相看,成为中坤集团创始人,在冰岛购置土地。

更令人匪夷所思的是,北大中文系的女生楼里一个长相非常平和的人——龚海燕,她充满着激情,创办了世纪情缘。

英文系、图书馆系、中文系都是与金融、融资、管理完全无关的专业,但是学这些专业的人怎么会创建出成功的企业呢?我想,这是因为北大给予了我们一样东西,就是怎样塑造生命的东西,使得我们对知识的渴望超过一切。

我有一个座右铭叫"读书只读一流的书"——真正值得我智力投入、值得我尊重、花费我精力的大概就是这两大类:读书一定要读一流的书,做人一定要做一流的人。

正是读经典,读那些能够改变我们生命轨迹的书籍,成为北大人离开校门后不管走到哪个领域,都能比别人走得稍微远一点的保证。因为那些书不是字,是生命,而这些生命对读者的生命来说,是一种引领。

何止于王强,现在已有不少年轻人因经典的滋养而成长起来。我想若干年后,中国一定会出现更多有成就的人,甚至有可能出一批诺贝尔奖获得者。

问:从您的报告中我们感到,您认为小孩子重在多读,最好背诵,懂不懂意思没有什么,甚至死记硬背都是正确的。但是,如果孩子不懂,这样下去,会食古不化的。陶老师,您对此有什么看法?

答:我认为,孩子在理解力不发达的年龄,该"死背"就须"死背",应"食古"就须"食古",以后再慢慢理解。这正是合乎人性的教育。所以,在儿童时期,让孩子"死背""食古",犹如电脑之输入资料,愈多愈好,选择愈珍贵的愈好,"食古"多了,其中自会有所酝酿发酵,将来理解力提高了,或与生活经验结合了,自然会"活用"。生命是难以测度的,你安知"食古"一定"不化"?依认知心理学家的观察,记忆多的人,其理解力也相对提高,其想象力也比较丰富。我们当然不必像考数学那样确切地判定他一定懂还是不懂,也不必像实验室实验一样预测他什么时候能用得上,甚至怎么用,但我们至少可以知道的是:现在预备了,将来一定有用!

在大人看来,那些佶屈聱牙的古文,如果不能理解,是不可能会背的。可是小孩子并不是这样,他们在记忆的时候,更多是形象记忆,而不是抽象记忆。我曾经做过一个实验:让一个小学生背诵两篇难度相当、字数一样的古代经典。一篇不但讲,而且讲得非常细,另一篇一句也不讲。结果是,未讲的背得反而快。所以,教师与家长应当明白孩子的这种记忆特点,不用成人的思维来要求学生,而是根据孩子的特点来施行教育。

我还做过另一个实验:我与一个小朋友一起背诵一篇古文,她的速度是我的十多倍;一周之后,我已经几乎一句也记不得了,可是她还可以背诵出来。

所以,背诵是不能失去时机的,恰如中国第一部教育学论著《学记》所言:"时过然后学,则勤苦而难成。"实践证明,当孩子年龄超过14岁,尤其是到了高中时,抽象思维能力增强,记忆能力下降,再往后,记忆力就会更不如以前。小学与初中阶段,正是背诵的黄金时段,孩子们一定要抓住这个时不再来的机遇,多背一些国学经典,为其未来的生命成长种下种子。"一历耳根,永为道种",一粒种子种下去,总是会开花结果的。

纵观从古到今的文学大师,几乎无一例外是在小时候背诵了大量国学经典,有了超越常人的国学"童子功",才在后来的生命中,厚积薄发,成为令人敬仰的大师的。

问:有一次去一所学校里参观,发现您为其校长的题词中有两句话,一是"善待他人,发展自身";二是"己欲立而立人,己欲达而达人"。您是不是特别看重这两句话?

答:是的,我非常看重这两句话。第一句话为自我修身成长的概括,第二句言孔子忠道如影随形于自己心中。这些,都与我的读书生涯有着内在的联系。

"善待他人"既源自我的善良本性,更受惠于《论语》等经典文化的滋养。在感悟世界哲人之言的要义时,我感受最深的是那份善待他人的美丽。也正是善待他人,我既不陶醉于别人的赞誉,也不计较他人的反对。善在心中,便有了一片心灵的净土,乐亦自然在心中回旋。在从哲人那里汲取思想营养的时候,世界文学大师作品中的审美情趣与文学描述也走进了我的心灵世界。于是,行文也就渐渐地向“道法自然”境界趋进。这些又与宠辱不惊的心态形成一种和谐,使自己的生命成长有了动力支撑与智慧源泉。

在自身发展的时候,我也希望更多的人得到发展,所以“己欲立而立人,己欲达而达人”就成了我的座右铭。一方面,我对国内自己所崇敬的教育专家、校长和教师进行了力所能及的采访与报道,目的是将内化于他们之中的真善美本色地呈示出来,让更多的读者也如我一样去永远地追寻美好的东西。另一方面,近年来我在山东、天津、河北、河南、浙江等省市,为校长和教师作了几百场《读书与教师生命成长》的报告,期望他们“取法乎上”地走进经典诵读的境地,提升个体思想文化品位,特别是影响到更多的学生,从而将内蕴于孩子之中的巨大潜能尽早尽快地开发出来。在报告的时候,我看到不少校长与教师的感怀与激动,以及此后的读书行动,于是,胸中便涌动着一种特殊的幸福感。因为文化作为人的存在方式,根本的追求是使人“文”化,由“文”来化人。人只有在学习和创造文化的活动中,才能成为永远幸福的人。

问:据我所知,您经常在全国各地作《读书与教师生命成长》的报告,而且在听众中引起了强烈反响。我在想,您在这么多的地方奔波,是不是特别累?是不是迫不得已而为之?

答:在一般人看来,我一定特别累。有的时候,一个星期要作十多场报告,而且还不是在一个地方,甚至是好多个省市。但是,我作报告的目的,就是要唤醒更多的人走上读书之路。尽管自己的力量有限,可每一场报告之后听众们的强烈反响,以及他们由此产生的读书行动,都给我的精神以最大的慰藉。于是,就有了累并快乐着的感受。人的生命价值理应受到挑战并得到认可，我们不仅要正视学习主体所拥有的内在潜质，更要有效地开掘其内在的潜能。而读书，则是开发生命主体潜能最为有效的方法之一。如果我们能够一生与阅读相伴，就有了让幸福相伴一生的可能。

问：中国孔子基金会在全国范围内创设了“孔子学堂”项目，“孔子学堂”以“写好字、读好书、做好人”为堂训，积极推进传统文化进学校、进社区、进农村、进工厂、进机关活动。您可以简要介绍一所在这方面做得较好的学校吗？

答：好的，那我就说说济宁学院第二附属小学吧。这所学校的“孔子学堂”已成为中国孔子基金会“孔子学堂”进学校项目的典范，同时，也成了二附小师生学习优秀传统文化的殿堂。学习传统文化经典，《论语》当是最佳的也是最重要的读本。李成泉校长说：“如果选一本书让我们全中国人去读的话，那就是《论语》；如果选一本书让我们老师与学生终生去读的话，那还是《论语》。我们要让孩子从小亲近《论语》、感知《论语》。”在二附小，到处可见诵读《论语》的身影，人人可诵《论语》章句，时时可闻《论语》之声。

学习《论语》，除了前面我所写的孩子们学习经典文化的方法，还有更多的形式，比如待课的时候，便成为学习《论语》的一个时机。一般学校老师上课之前，学生大多是静心端坐，以待老师。可二附小不是这样，每天黑板上都有一段新的《论语》，学生等待老师上课之前，就已经自发地自读起来。上课铃声一响，老师走向讲台，喊“起立”之后，学生则齐声朗读这段《论语》，然后师生行礼问候再正式上课。下课，老师喊“下课”之后，学生再次朗读这段《论语》，方才正式下课。每天六节课，节节如此。此举意在为学生设置一个学习经典的场域，让学生耳濡目染，在不知不觉中学到更多经典。如此六年下来,《论语》绝大多数的章节,学生便可以诵记在心了。教育心理学的实证研究曾明确提出过,人的记忆乃是一种过程,靠着这个过程,人不仅重复他以往的经验,而且重建这种经验。学生们循而复始地诵记,虽看似在重复相同的经验,实则意味着体验的不断更新、理解的愈加深刻、个体生活的再次解释,是对其已有知识经验的重建。

在二附小,不仅学生学《论语》,老师们也在学《论语》;不仅读《论语》,还在推进老师讲《论语》。老师们在读了几遍《论语》与相应的解析之后,也许自认为了然于心了;可如果在大庭广众之下,将其讲清楚且讲出特点来,并不是一件容易的事情。不少时候,对于《论语》的要义,虽然自己心里明白了,但不一定能讲得明白;自己认为讲明白了,却不一定能让听众听明白;让听众听明白了,却不一定让听众听得如痴如醉、心驰神往。

而二附小的老师必须做到这一点。这样的要求,也许在一般人看来有些严苛;可李成泉校长说,这样要求身处曲阜圣地的二附小的老师并不算高,因为他们具有特殊的历史使命,理应承担起传承孔子思想的重任。

“仁以为己任,不亦重乎?”

那么,二附小的老师,针对《论语》就不能是浅层次的解说,而应当是深层次的探究。为此,学校专门开设了《论语》讲堂。目前,已经有一批老师比较成功地在讲坛上作了学习与研究《论语》的报告,李成泉校长等还在山东甚至全国的讲坛上纵谈《论语》及孔子教育思想,都引起了强烈的反响。

二附小已做出规划,要在全体教师中开展“我们一起学《论语》”活动,为每一位老师拍一部不少于15分钟的《论语》微课影像片。先部分后全体,一个老师也不能少。最终每人至少一个的微课,作为大家共有的精神财富,将收藏于校,存留后世。再过一段时间后,论坛还要向学生和家长延伸,让他们也在论坛上一展风采。

从人人诵读《论语》到人人开讲《论语》，这并不只是一种形式的变化，更是要让老师以及学生更好地把《论语》入口入心。不但要对孔子有一种“仰之弥高，钻之弥坚”的敬仰之心，更要终生学习他的君子人格，做对社会、对人类更有益的事情。

02

part

写作的“道”与“术”

有好多老师写起文章来很困难，甚至有一种痛苦的感觉。这个过程我也经历过，但是我现在不是这种精神状态了，只要一写作，我心里就有一种难以言表的愉悦感。什么原因？因为在写作过程中我能获得最大的心灵慰藉，有一种其乐无穷的感觉。其实，如果能在写作中触摸到“道”的话，写作就有了审美意义，也就有了特殊的生命景观。

一 谈“玄”论“道”

既然说到“道”,咱们看看古代的圣贤大师是怎么来谈道的。所有事情源头都是相通的,因为“知其一,万事毕”。

咱们看看孔子如何谈道,他说:“吾道一以贯之。”意思是说:“我讲的道是由一个基本的思想贯彻始终的。”他的弟子曾子解释说:“忠恕而已矣。”一个是忠道,一个是恕道。所谓恕道就是“己所不欲,勿施于人”,我自己不喜欢干的也别强加于别人。忠道就是“己欲立而立人,己欲达而达人”,即我自己发展了希望别人也发展,我成功了也要帮助别人成功。他的道一以贯之,有道德的诉求,有品格的升华,是在高尚人格层面上形成的。

咱们再看看道家鼻祖老子,大家知道老子的《道德经》开篇就谈:“道可道,非常道;名可名,非常名。”而且他还说:“道生一,一生二,二生三,三生万物。”还有:“人法地,地法天,天法道,道法自然。”“道可道,非常道”,大道是没法用一般语言说清楚的,说出来的道就不是大道了。我觉得老子这个道是运行于宇宙万物之间的,是我们看不见摸不着的一个生命规则,这个生命规则存在于一切事物之中,正如《周易》所说:“一阴一阳之谓道,继之者善也，成之者性也。仁者见之谓之仁，智者见之谓之智，百姓日用而不知，故君子之道鲜矣。”关于道，我们知道得太少了，但它又是确确实实存在的。从“人法地，地法天，天法道，道法自然”中，我们感到，自然神秘莫测，但是它有一个内在的生命链条。对一般的老师来说，如果跟这个链条相碰撞，不按它的生命规则走，就会受到惩罚。当下也许不会马上显示出来，却会在某个生命节点上让你受到惩罚。

佛家文化也是这样，佛家强调：“应无所住而生其心。”“凡所有相，皆是虚妄。若见诸相非相，即见如来。”所以佛家的道是万事万物的实相，也就是宇宙中万事万物的运行规律。当进入到“无我相，无人相，无众生相，无寿者相”境界的时候，就有了“观自在菩萨”的大觉悟、大超脱、大幸福。

我们从孔子、老子、释迦牟尼等得道悟道的人谈的道中可以看出：法法相融，参而不杂，一法即一切法。从一件事情能够看到全部。

由此我们再看看写作，它记录了你的思想与实践以及感悟等，当其以文字载体呈现出来的时候，就有了生命的气数。可以这样说，文字是最直接呈现作者思想状态和心像的心电图。好的作品能够流芳百世，而不好的文字气数就很短，可能一两年甚至更短的时间就销声匿迹了。

所以，写作也是这样，写作最高的境界是道，是无形的。当然所用的技巧也会在里面，但是你感觉不到技术的操作，而是在享受写作过程的身心愉悦。在写作过程中没有特意想去用这个技法那个技法，技法却在其中。

大家在上高中的时候都学过一篇课文叫《庖丁解牛》。庖丁解牛太厉害了，他为文惠君解牛时 ，“手之所触，肩之所倚，足之所履，膝之所踦，砉然向然，奏刀騞然，莫不中音。合于《桑林》之舞，乃中《经首》之会”。文惠君感叹不已地说：“嘻，善哉！技盖至此乎？”意思是说，有一个名叫丁的厨师替梁惠王宰牛，手所接触的地方，肩所靠着的地方，脚所踩着的地方，膝所顶着的地方，都发出皮骨相离声，进刀时发出騞的响声，这些声音没有不合乎音律的。它合乎《桑林》舞乐的节拍，又合乎《经首》乐曲的节奏。梁惠王说：“嘻！好啊！你的技术怎么会高明到这种程度呢？”梁惠王只看到了庖丁解牛的高超技术，并没有解透其中之道。所以，庖丁告诉他：“臣之所好者道也，进乎技矣。”意思是说，臣下所喜好的是生命的规律，这已经超过了对于宰牛技术的追求了。所以，宰牛的时候，“臣以神遇而不以目视，官知止而神欲行”。意思是说，臣下只是用意念去接触牛的身体就可以了，而不必用眼睛去看，就像感觉器官停止活动而全凭意念在活动一样。这就进入到道的境界了。何以如此神妙？“冰冻三尺，非一日之寒也。”庖丁整整杀了19年的牛了，刚开始宰牛的时候，庖丁对于牛体的结构还不了解，看见的只是整头的牛，并没有进入到“恢恢乎其于游刃必有余地矣”的境界。看来，由技到道，这是一个必须经历的过程。开始不可能不需要技术，没有开始的技巧，就没有后来的道。道和术是一种相互融合不可分离的东西，脱离了道的术限定了境界，没有术的道难免会沦为空谈。庖丁解牛游刃有余、出神入化的背后，其实凝聚着一种叫“功夫”的能量。

写作不也是这样吗？抵达写作最高境界的人，很少再考虑写作的形式，也很少思考用什么比喻、拟人等修辞手法更有色彩，因为技已经悄无声息地融进道里面了。不过，正如庖丁解牛一样，开始的用功与努力是必须的，道之到来，往往是要经历一个过程的。正如王国维在《人间词话》中所说——古今之成大事业、大学问者，必经过三种境界：“昨夜西风凋碧树。独上高楼，望尽天涯路。”此第一境也。“衣带渐宽终不悔，为伊消得人憔悴。”此第二境也。“众里寻他千百度，蓦然回首，那人却在灯火阑珊处。”此第三境也。

写作何尝不是如此？没有第一境界与第二境界的磨砺，是不可能步入第三境界的。不过，到了第三境界，也就入道了，写作的时候，兴之所至，心之所想，便可以自然形成文字，而且多有思想与文化的内涵。

二 离“经”叛“道”

不少人写作为什么近不了“道”呢？是因为他们离“经”叛“道”了。疏离了经典，就背“道”而行了，当然就近不了“道”了。要想有“道”，先看“道”、读“道”、记“道”以及悟“道”。

最近，在网上有马云自拍的 12 分钟的视频，开始他说了这样一段话：“中国是先把仁、义、礼、智、信这些道理都想明白了，想彻底了，才有了后面两千年的辉煌。中国曾经有 800 年的 GDP 是全世界排第一的。《论语》才 11000 多字，也就报纸的一个版面，但影响并治理了中国 2000 多年。”后面，他谈阿里巴巴之所以能有今天的辉煌，靠的就是诚信与担当等。其实，这就是经商之“道”。

写作也一样，只有遵道而行，才能走向成功；如果离“经”叛“道”，则必然滑向失败。

《学记》最后一段这样说：“三王之祭川也，皆先河而后海，或源也，或委也,此之谓务本。”写作,也要务本,本立才能道生。什么是本?阅读与诵读是本,生活也是本。有了一定的生活基础,再让学生写作的时候,他们就不会感到无话可写了。有的时候,也可以让他们先说一说,并告诉他们,说出来的话稍微一整理,就是一篇好作文。

在我的教学实践中,还有一个体会,那就是教师文化品位的高下,往往决定着学生写作水平的高下。老师有了比较高的文化品位,便可以对学生进行高层次的写作指导,这在逻辑学上构成了一种必要条件。舍开文化品位,即使具备很强的责任感,异常认真地为学生写评语等,都只能使写作指导在平面上滑移,难以构建立体式的宏观指导框架,难以使写作指导步入“从心所欲”的自由王国。

反之,教师如果因循守旧,抱住已有的写作教程不放,对语文课本中的一般性的写作训练恋恋不舍,尤其是按着教参的统一要求去做一般化的写作指导,那不仅与日新月异的写作形势相去甚远,会被写作教学改革的大潮所抛弃,甚至还会被自己所教的学生非议与否定。不仅教不好写作,反而成了写作教学阵营中的落伍者。

写作是一种创造活动,是一种复杂的脑力劳动,指导写作也是这样。它对教师的高要求,有文化素养方面的,也有创造思维品质方面的。一个具有创造力的人,离不开对文化的追索,而文化素养的提高,又为创造思维奠定了最好的基础。

(一)心灵浮躁

当今社会浮躁之风盛行,功利之心蔓延,所以,有些人的心灵喧嚣起来了,以致对名利的追索达到了无以复加的地步。在这种精神状态下,休说写出好的作品来,什么事也不可能干好。写作的时候,是需要安顿好心灵的。如果心里很乱,以致怒气冲天,当然是不可能写出好的作品来的。

我有一个熟人对我说,他的作品都是晚上写出来的,原因是白天比较乱,心静不下来。我对他说,我的作品都是白天写出来的,只要心里静了,外界所有的喧嚣都不会浸染你的心灵。关键是不能浮躁,不能有太多的名利之心。老子说:“轻则失根,躁则失君。”浮躁之人不但写不出好的作品来,甚至会让你的生命之本也输掉的。

(二)语言雕琢

女人之美,美在自然,不施粉黛却看着舒心养眼,浓妆艳抹反而给人一种做作的感觉。语言的美,也是在于自然,在于纯然是自己的语系,或富丽精工,或质朴无华,像山谷中潺潺的溪水一样,叮咚作响,沛然而来,给人以天然的美感。如果着意雕琢,堆砌辞藻,那就失去了语言的本质美,让人读来不舒服,反而觉得一点儿也不美了。道的要义,在于真实,在于自然。违道而行,当然也就不可能走进审美的境界了。

(三)内容虚假

我看到有一篇文章写道,中国人不讲诚信,造假是从小学生作文开始的。如此推论的合理性还有待商榷,但是学生作文作假是一个不争的事实。

是不是可以写不真实的事,当然可以,如小说的很多内容都是虚构的。但这种虚构是对生活的艺术再现,它来源于真实生活,却高于真实生活,是一种更高层次的真实。但是如果写一篇记叙文,随意编撰一两个故事,就违背真实的原则了。

刘勰说:"夫缀文者,情动而辞发。"这样,写出的作品才能打动人。可是,现在有的作品中的感情是虚假的,不但不能让读者为之感动,反而让人因假生厌。

1998年全国高考作文题目有两个:一个是"坚韧——我追求的品格",一个是"战胜脆弱",试题提供了下述材料——

> 现今中学生的心理承受力差异较大,有的像鸡蛋壳那样脆弱,有的却很坚韧。那么你是怎样的呢?从后面两个题目中,选择一个适合你的情况的题目,举出实例,写一篇关于你自己的心理承受力的文章。

有位老教师去改高考作文卷子,改着改着眼睛一亮。太棒了!这不是我儿子的作文嘛!一看题目的字就知道是自己儿子的考卷。心想这下可好了,我好好地给他加分吧。马上去看正文,第一句竟是这样写的:"我的父亲已经死了整整六年,我和我的母亲相依为命……"这位教师本来就有心脏病、高血压,一气之下就晕倒了,好在叫了120救护车抢救了过来。他从医院回到家里的第一件事就是跟儿子算账:"你这个混账东西,我活得好好的,你怎么说我死了六年了?你差一点把我气死!"他儿子一点儿也不服气:"爸爸,你看这个作文题目是什么?'坚韧——我追求的品格'。我得编你死了,说你死了之后我和我母亲多难，才能说明我坚强啊！”这个考生没有这方面的生活经历，也没有因为父亲去世而产生的悲痛之情，他能写出真情实感来吗？当然不可能。

学生作文如此，其他人是不是就没有缺失真情实感的作品了？近几年读一些作品，往往看上一两页就搁置下来了，因为文中流淌的感情是虚假的。不管其如何渲染，可是，假的就是真不了，就是不能打动你的心，读者当然也就不喜欢了。

其实，内容造假背后，是做人的失真。做人不真的结果，必然是失去其人生的价值。

（四）生活贫乏

作品是文章的映照，没有生活，就写不好作品。可是，现在有的人没有生活，却硬要造出生活来，写的时候，自然也就写不好了。诺贝尔文学奖获得者莫言，如果没有小时候在家乡高密的生活磨难，他是很难写出如此好的作品的。王蒙如果不是被打成右派，蹲牛棚，也是写不好这么多的作品的。正是这些丰富的生活经历，成了其一生取之不尽的精神财富，使他有了写出好作品的源源不断的素材。

相反，有的作品尽管问世了，可由于作者没有丰富的人生阅历，所写内容是没有生命根基的，是靠自己凭空编造出来的。他们也许认为读者不知其详，甚至认为自己多么高明，可是，聪明反被聪明误，绝大多数读者都有一双“火眼金睛”，都会因其作品之假而摒弃之。

由此看来，写作是有道可循的，如果离“经”叛“道”，非但不可能写出经典作品来,就是一般的作品写起来也是难乎其难。

现在学生甚至老师的生活相对来说都是比较贫乏的。老师为了提高学生成绩加班加点,学生为了考上理想学校早起晚睡。远离了美丽如画的大自然,也很少走进斑斓多姿的社会。而这些,恰恰是学生和老师成长必需的生命营养。于是,正因为离“道”而去,当然写不出好的作品来,更遑论步入写作的高层境界了。

纵观所有中外知名作家的作品,都有其丰富的生活素材做支撑。比如著名作家张炜,他为了搜集写作的第一手资料,竟然制定了庞大到可怕的考察计划:在一个相当大的区域内,要不遗一村一镇地走,并记下社会生活情况和搜集民间传说。这个计划让他花了许多年的时间,最后因事故停止,只差一点就全部完成了。他收集的笔记和录音资料十几大箱。这个过程大多是他一个人完成的,连最穷最偏的地方都去了。他曾两次徒步冒雪翻越胶东半岛地区,这样漫长的旅途谁能做到呢?有人见过这时候的张炜,最狼狈时衣裳破旧沾土,头发长达一尺,扎起来赶路。作家中有几个人敢说比他更了解底层生活、比他更知道那些城乡的细微之处?

2015 年 10 月 24 日,在中国教育报刊社宣传策划中心主办的“第七届名家人文教育高端论坛暨名师课堂研讨会(中学)”上,我受报刊社的委托,邀请张炜为全国一千多位校长和语文教师作《阅读与写作漫谈》报告,午餐时又与他进一步交流,为其深入生活之深所感动。这给我们老师的写作以重要的启示:不但要自己关注生活与深入生活,进而持续写作;还要引导学生走进生活,感受生活,从而写出有真情实感的作文。

三 以“术”思“道”

老师们开始写作的时候不可能近道，其中必然有术；但在用术的时候，也必须考虑道，不能只在术的层面游走。

（一）标题的制作

我把标题称为文章的眼睛，它是透视这篇文章的一个极其重要的窗口，诱惑着读者去窥望其文章的内容。所以，自古以来，文学家们在诗文中都特别注重眼睛的描写，于是就有了“美目盼兮”的千古绝句。不仅文章是这样，书也如此。著名的作家诗人与各大出版社都会在书的题目上下一番功夫。这其中不乏对术的追求，但如果做得天衣无缝，尤其是与内容和谐为一的时候，也就有了道的况味。

可不少老师并没有意识到标题的重要性。有的写了论文或其他文章，并向报刊社投稿，以期发表，但更多时候是“泥牛入海无消息”。原因在哪里呢？第一，质量达不到发表的要求。第二，编辑部收到的稿子太多，即使稿子质量不错，有的时候因为人手与时间等因素，难以读完全文甚至没有去读就“马放南山”了。第三，标题平淡无味，编辑眼睛一扫就将其打入冷宫了。比如如果有人用“试论素质教育”作为文章题目，一般编辑肯定不会去读内文，而就毫不犹豫地将稿子“枪毙”了。

1983 年第 1 期《中学语文教学》上发表了我写的一篇文章，正标题为“刻者惨淡经营，笔者织锦成文”，副标题是“漫画‘核舟’人物”。这是当时我在曲阜师范学校教《文选与写作》课，讲到《核舟记》的时候，有感而发写就的一篇教学论文。第一次投稿便“胆大包天”地寄到了《中学语文教学》的编辑部，怎么也没有想到，编辑部来信说，文章很好，已被录用，不要再往其他报刊上投了。不客气地说，这篇文章倾注了我很多的心血，文章标题是反复思考之后才定下来的。这个题目，不仅可以让读者了解《核舟记》的核心内容，还有对偶之美，真的是“惨淡经营”方才有了这个题目的。

自 2009 年以来，我用通讯、对话或访谈的文体，在《中国教育报》上发表了 200 余万字的文章。在写作的时候，我尤其注重标题的制作，为了拟定一个好的标题，有时会反复思考，甚至还会“为伊消得人憔悴”，直到满意为止。比如，我与武汉市常青实验小学万玉霞校长的对话文章的标题为“点亮心灯——唤醒灵魂的教育”；与贵州省实验中学刘隆华校长的对话文章的标题是“尊重生命——在教育的禁区中前行”；与广东从化中学邱榕基校长的对话文章的标题是“踏上‘求仁’征途的现代君子”；为江西金太阳教育社区民心工程所写的通讯文章标题是“修己以安百姓”；为山东省东营市河口区合作办学所写的通讯文章标题是“在‘善假于物’中创新求变”；为黑龙江省北安市教育局所写的通讯文章标题是“以‘心’为本，彻见大‘道’”；为广西壮族自治区教育厅秦斌厅长写的访谈文章用的标题是“激活师生思维张力的探索与实践”;为济南市历下区教育局陈仕学局长所写的访谈文章的标题是“‘软’‘硬’兼施,铸造一流教育品质”……

有的时候如果写了一篇很长的文章,内容也很好,但版面有限,又不想压缩文字内容,怎么办呢?即使有个好的文章题目,但编辑一看文章太长,也有可能不愿用了。其实,这里面是有诀窍的,那就是把文章中的每个小标题制作好。每个小标题就像电视剧每集中最精彩的部分,吸引着读者一集一集地看下去。编辑开始可能没有时间细看全文内容,但会被小标题吸引,并不由自主地看下去。

山东省沂水县沂水镇成人教育学校有一位老师叫杨同杰,他带着妻子连续三年自费考察黄河。采访之后,我写了一篇很长的文章,投稿到《中国教师》。当时心想,编辑能用三分之一的内容我就心满意足了。结果全文一字不漏地被采用,分上、中、下连续三期予以发表了。因为我在小标题上下了点功夫,每个小标题都是本部分内容的浓缩,尽管稍微长一点,但由于比较精彩,还是紧紧地吸引住了读者。比如有这样几个小标题——

“有时夜深人静,杨同杰望着这些标本箱,酸辣苦甜诸般滋味在他的心里交融涌动。有时他甚至会掉下几行热泪,任由其在他那轮廓分明的脸上流淌。”

“望着苍苍茫茫的天宇和一眼看不到边的荒野,杨同杰突然感到自己已经与天地融为一体。而黄河源头,则是他的魂系所在。”

“正待起床,突然听得两岸人声鼎沸。夫妇二人走出帐篷一看,顿时大惊失色——倾盆大雨正在下个不停,咆哮着的黄水已经漫上河床。”

“从西宁开始,大量的垃圾和工业废水倾倒其中,黑水绵延几十里,泾渭分明地与黄水一争高低,共同咆哮着奔腾而下。”

“在长达200多公里的黄河两岸，建造起了一座又一座的造纸厂，致使每天1万立方米的污水泄入黄河。于是黄水不黄，黑水肆虐，直到内蒙古的磴口县，依然是黑水翻滚，黄水称臣。”

编辑部的编辑后来来电话说，起初一看文章这么长，厚厚的一摞稿纸，真的不想用了。可是文章题目“从沂蒙山区走来的‘法布尔’——杨同杰老师自费黄河考察纪实”很有味道，颇有新意；再看看小标题，就有了阅读全文的欲望。全文看完，内容又特别好。所以，就分上、中、下三期发表了。

文章标题重要，著作书名更是如此。很多读者不是读了书再去买，而是看了好的书名去买的。我的40多本著作，大部分题目还是不错的。比如我的个人专著《高效教学的道与术——陶继新教育讲演录》《教坛春秋——20位中学教师的境界与智慧》《治校之道——20位名校长的智慧档案》《行旅有道》等，与魏书生对话的《种好心田——魏书生与陶继新的幸福教育》，与王崧舟对话的《语文的文化品格》，与孙双金对话的《情智教育十日谈》，与赵春梅对话的《天问：中国幼教豁然洞开》等。这些书由于内容很好，书名又吸引人，所以很受读者欢迎，有些书已经重印了十几次，成为教育类畅销书。

不过，有的书由于题目不好，市场销路也出了问题，比如与老咪对话的《跨越中英两国的教育机智——陶继新与老咪的心灵对话》，内容非常好，可由于这个书名让人不知所云，所以，出版五年多也才重印了两次。

不过需要说明的是，如果内容不好，即使起个再好的书名，也是没有意义的。那种内容平常而以书名猎奇的书，都是不“长寿”的。目前市面上确有这类的图书，购买之时，需小心才是。而且，如果内容不好，而企图用奇特的文章标题或书名来引人关注的话，何止名不符实，还有人格的问题。所以，只有“文质彬彬”，然后才能“君子”，才能既有形之美，又有质之妙，也才能走向以“术”思“道”的正途。

(二)从容的叙说

所谓从容的叙说,就是跟谈话一样,慢慢谈,自然谈,就是老子说的“道法自然”。有些人建议我讲课时多抒发感情,最好声音大一些,以起到振聋发聩的作用。我以前也确实这样想过,也这样讲过;但现在不再这样讲了。我希望能更加自然一些,就像和大家聊天一样。报告的时候,只有一个简单的课件,更多的文字不在课件上,而是在即兴的演说里。我觉得这才是一个真实而自然的陶继新。相反,如果故意装腔作势地抒发感情,反而会感到非常别扭与难受。作报告如是,写文章也是这样,不故弄玄虚,将自己要写的内容用从容自然的文字呈现在读者面前即可。

1. 即景生情的散文

以前到一些地方考察的时候,常常顺便看看当地的名胜古迹,看到美丽的景色,接触到各种各样的人与事,也会有特殊的感受。于是,我一般当天晚上便将其记录下,日积月累出版了一本《行旅有道》的散文集。由于没有时间修改,也无意修改,于是就有了一篇又一篇的原汁原味的散文作品。比如我在去武夷山游览之后,就写了《武夷九曲俏排工》的散文,还发表在《中国教育报》上。其中便有这样一段——

正当我们怡然忘情地触摸这自然生态的风光时,排工轻点竹篙,诵诗一首:“武夷山上有仙灵,山下寒流曲曲清。欲识个中奇绝处,棹歌闲听两三声。"这是宋朝大儒朱熹《九曲棹歌》的总领诗。此情此景听了此人的诵吟,却又有了一种特殊的意境。他是一见即熟、不请自讲的一个编外导游,诵诗是一个美丽的开场白,其后便有了即景赋诗、率性抒意的从容。这个年近四十的排工,对武夷山的人文环境与自然风光了若指掌,他的讲说似探囊取物般从口中流泻而出,与视野中的生态美景形成一种内在的和谐。加之其幽默机智,将不失品位的荤素调料穿插在通俗生动的表述中,常令我们笑得前仰后合,把小小竹排颠得摇摆不定。但他一点儿也不笑,我们笑声一停,他的另一个笑话又已脱口而出,使我们近乎放肆的笑声在山谷间一次又一次地回旋。他的诙谐有趣几乎是无处不在的。一个坐有五女一男的竹排从我们身旁驶过时,他将竹篙一点,慢声言道:"可怜一只羔羊误入众虎之口了!"他见我们尚未反应过来,便恍若漫不经心地点破机关:"女人是老虎。"顿时,我们个个笑得几乎要跳入水里。

如此一个出口成章的排工,离开九曲溪水和小小竹排,却全然换成了另外一种形态。不妨看关于夜宵时所写的一段文字——

夜宵的餐馆处在一个僻静的村落里,由木板与竹子组合而成,窗外泥土的芳香不时地飘来,令我们有一种步入世外桃源的感觉。这时候我们才问起他的名字,方知他叫寿青山。他坐在主宾的位置上,没有了竹排上的从容与幽默,甚至有点儿受宠若惊。我们很希望他能再现白天的风采,他却始终腼腆地微笑,拘谨地谈话。他说,离开了九曲溪水和小小竹排,他便失去了灵性与生气。他是属于武夷山水的,那里是生他、养他、育他和成就他的地方。他说自己从来没有到过北京，没有见过泰山，没有去过孔圣人的故乡曲阜，心向往之但终难成行。当我们真诚地邀请他方便的时候携夫人与孩子到北京和山东一游时，他激动得泪水都快要流出来了。我想，他的这个夙愿很难实现了，这方水土离不开他，他因每日能给四方游客撑排解说而愉悦。他曾在竹排上为中央领导、海外知名人士谈古论今话武夷，更与千千万万不知姓名的普通游客诙谐地调侃，他将生命与激情挥洒在这九曲溪水上，为各方游客了解武夷倾尽所能。所以，尽管我们没能再度领略他那水上幽默机智的风采，却从另一个侧面看到了他的质朴与善良。

这篇散文是我2001年在武夷山旅游时当夜写成的，今天读来，宛如在眼前。

2. 即兴而言的对话

写散文如此，写其他文本的作品也是如此。比如在我的近50本著作中，对话类占了半壁江山。形成一篇文章甚至一本书时，我主要采取了两种方式：一是通过QQ聊天的方式。比如我去采访某个校长的时候，几乎没有当场记录，只是用大脑过滤采访的信息，而后形成对话的基本思路。我的思路被采访的校长同意之后，我们则共同商定一个对话的时间，然后用QQ聊天的方式，少则三四小时，多则六七小时，一篇万字左右的对话文章就完成了。由于是即兴而写，就有了自然生态的特点，也有了一定的可读性。“聊天”时要求大脑必须高度运转，因为我不知道对方要发来一段什么样的文字，却要在短暂的时间里做出自己的理论性评价。这种富有挑战性的“聊天”，激活了我的大脑,常常让我文思泉涌,下笔成文。不过,毕竟是现场生成的文字,粗陋之处在所难免。这些对话文章我几乎不再进行修改,尽管修改之后文章会更好一些。我认为这种生态化的文章,更属于真实的陶继新。

另外还有一种方式,就是与某个大家名师现场对话,录音成文,稍做整理,即交给出版社出版。比如我与高僧空海法师对话而由中华书局出版的《让幸福与经典同行——儒释道与中国人的心灵智慧》,就属此类。在这本书的跋中,有下面一些文字——

对话空海师父,似乎是偶然中的必然。起初,只是准备对他进行采访,写篇通讯报道性的文章而已。可是,听了朋友的介绍,并看了他的一些录像资料之后,觉得他并非一般意义上的出家人,而是对儒释道三家都有研究,且有生命感悟的大家。于是,改变初衷为对话空海,然后共同出版一本属于我们两个人的新书。

之所以采用这种即兴对话的方式,并非一时心血来潮。在近三年时间里,我与教育人士的对话文章已经发表百篇以上,每篇都在万字左右,出版的对话著作也有七本,而且产生了一定的影响。

可是,这些都已成为过去时,如何“道法自然”地充实且超越自己,是我今年春节期间常常思考的一个问题。这次与空海师父的对话,则是这一思考的结晶。

2011 年 3 月 17 至 21 日的五个晚上,在福建省福鼎市秦屿镇冷城灵峰寺,与空海师父关于“迈向高等心灵”的对话,让我有了一次超越既往的机会。

在灵峰寺,第一次与空海相见,感到他是那么的亲切与自然,有一种“似曾相识”的感觉。在商量对话提纲的时候,虽然我们也有个别不同的意见,可是,深谈之后,便很快达成共识。

3月17日晚上19时10分,我们的对话按时开始。面对空海这样的大师,我的心里平静祥和,并不是说自己有多少修为与智慧,而是感到很幸福。这是一次难得的学习机会,还有比学习更幸福的事吗?更何况是向高人学习呢?

五个晚上的对话过程中,我们两个人的思维都非常活跃。空海师父的谦和与微笑,一直给我一种积极的心理暗示;他那充满智慧的连珠妙语,又不时激起我内在的生命潜能。对话激起听众一阵又一阵的掌声与笑声,这掌声与笑声,又给我们以生命的能量,让隐藏于我们心灵深处的生命感悟常常脱口而出。于是,又有了新的掌声与笑声。这种生命的互动,让这次对话有了别样的色彩。

我们把对话的录音稿加以整理,就成了这么一本书稿。也许我有点敝帚自珍吧,觉得其间确有不少生命的灵性,它对人何以走向真正的幸福,一定会有一些启示。它也会让人思考,生命的意义究竟何在。

这本书问世后,在社会上产生了很大的影响,受到了普遍的好评。这固然与比较好的内容有关,但同时,也与即兴言说、对话成文不无关系。因为它更鲜活,让读者读起来有一种轻松自然的感觉,甚至有一种就在现场的感觉。

与教育部王登峰司长合著的《经典教育让生命有根》,与著名教育改革家魏书生合著的《种好心田——魏书生与陶继新的幸福教育》《享受学习——魏书生与陶继新的教育智慧》《做一个优秀的家长——魏书生与陶继新的家教智慧》，与著名小学语文特级教师王崧舟合著的《语文的文化品格》，以及我的专著《高效教学的道与术——陶继新教育讲演录》，都是通过现场对话、录音整理成书的。

当然，现场对话，即兴言说，有时难免出现一些口语甚至重复的话语，不过，在整理文字时稍加修改即可。由于率性而言，自然形态非常突出，读起来就有了当面聊天的感觉，由此拉近了与读者的心理距离。

四 以“质”求“道”

（一）独具的内容

如果写人云亦云的内容，作品肯定没有新意；相反，如果从人无我有的素材中提取写作的材料，就有可能写出让人耳目一新的作品。

1.“另类”留学生夏杨

我在2006年10月13日《中国教育报》上发表过一篇长篇报道《一位辞去百万年薪的博士生——夏杨的“另类”思维与“非常”行动》。文中的主人公夏杨，舍弃了香港跨国银行年薪百万的工作，进入剑桥大学世界级实验室学习研究，可当时他只是一个 22 岁的男孩。

夏杨不同寻常的创新思维，让他有了常人很难有的阅历——

夏　杨

在剑桥大学本科学习期间，他参加了许多社团活动，有的还在其中担任了重要的职务——剑桥大学生物社团主席、剑桥大学科学社团人事部长、三一学院科学社团执行委员、中国学生学者联谊会剑桥分会外联代表、世界著名学生组织 AIESEC 联合会成员、剑桥大学暨全英科学节学生演示小组主要成员、剑桥大学三一学院划船竞赛俱乐部成员等。

他以剑桥大学生物社团主席的名义，联系邀请了包括十多位诺贝尔奖获得者、英国皇家科学院院长和英国政府科技顾问在内的顶级科学家，在两年内成功举办了四十余次生命科学讲座。他幽默地说，这些成功得益于优秀的平台和强烈的事业心，同时也让他自己的精神为之一振。而令夏杨特别得意的是，就在上学和开设讲座期间，他通过自己的口头申请和面谈，成为英国医学研究委员会顾问、1997 年诺贝尔化学奖得主约翰·沃克教授的实验室助理，剑桥大学生命科学院院长兼生物化学系主任汤姆·布伦德尔教授的实验室助理等。

而更为重要的是，他在与这些大师的接触过程中，学到了在任何书本中都没有学到的东西。这些大师的谦虚、认真与执着,已经一点一点地融入了他的意识里,进而外化出来,就有了不同于别的同学的突出表现。

夏杨以中国学联外联代表的身份,负责接待过来自祖国的很多官方领导,且和各个层面的人士进行过交流。他在接待时任教育部部长周济的时候,还借机向周部长呈上了一份他父母创办的学校——山东英才职业技术学院的相关材料。他开玩笑地说,此举也能表明他对家乡父母与教育的一片深情。

同时,他还创立了剑桥大学中国医学社团,并担任首任主席。中医虽然是他的原有爱好,成立这样一个社团却更源于一种历史的责任。在英国,他发现人们对中国传统医学要么感到神秘莫测、将信将疑,要么根本就不尊重、不理解。他认为,中医博大精深,是中国传统文化的一块瑰宝。如果借助社团让中医文化走进英国人的精神生活,也算是为中国传统文化做出了一份微薄的贡献。

正是由于参加了很多社团的活动,他有幸拜见了金庸,聆听了他的谈话;还有邓亚萍等体育方面的明星,以及中东国家的王子等,他都得以会见,有的还成了他的好朋友。特别令他自豪的是,他收到了三十余位诺贝尔奖获得者的亲笔信。其中,发现DNA双螺旋结构的弗朗西斯·克里克在给他回信后的半个月,便溘然而逝。夏杨说,这也许是一个伟人的绝唱,他的回信将成为自己一生珍藏的精神瑰宝。

上面所写的夏杨的独特经历,只是我这篇一万多字文章的一部分,其他内容也都有特点。所以,这篇文章发表后,在社会上引起了强烈的反响。

2.“地下魔宫”黄龙洞

也许有人说,哪有那么多夏杨这样的孩子?我们接触到的都是平常之人、平常之事。事实的确如此,可这并不等于说就没有属于你个人的写作内容了。比如说旅游吧,在某个景点,会有成千上万个游客观览过,可由于每个人的生命体验不同,当时的感受也会大不一样。比如2003年5月我与《中国教育报》的记者们一起去张家界旅游的时候,我就写下了好多篇游记,而且每篇都有独特的视角。比如《“地下魔宫”黄龙洞》,所写景色是我观察之后形成的文字,不同于一般化的导游解说。并且在其中的感受,也是属于我个人的,其中就有这样一段:“我感到大自然的深不可测,甚至有一种恐怖的感觉。没到过黄龙洞的人是无法想象它的神奇的:洞分四层,垂直高度约有160米,长度达13公里,最大的厅堂竟有12000平方米,可容万人。其间景象万千,各有奇妙。加之阴河幽深,瀑布倒悬,路途七转八折,石笋高低、大小、形态各异,令你感到大自然有更多的未知与玄妙。后来我因贪看一点儿风景,与团队失去了联系,独自在洞中寻径而行,许久不见人的踪影。见奇象之瑰丽,更觉幽洞之可怖。此时突然萌发了一个怪诞的想法:设若大自然不经意间给我开了一个小小的玩笑,将洞门暂闭,我便会与我的同行者永远隔离。时间一久,兴许还会变作一尊化石,成为后人一个难解之谜。于是又发浩叹:人在大自然面前,真是渺小得如沧海之一粟。激怒大自然,它只需一抬手、一投足,就可以使你顷刻间‘灰飞烟灭’。终于摸至洞口,但见阳光灿烂,绿色漫山遍野,游人嬉闹浅唱,好一个‘天上人间’的景象。可是回首洞里,犹有毛骨悚然的感觉。这可怖与壮丽,这奇妙绝伦与不可思议,将长久地在我的心弦里回旋。”

我如果没有这个经历,就不可能写下这篇散文。可很多人也许有这个经历,却未必能写出这样的散文。原因非止一端,但有两点是肯定的:一是其生命是处于麻木状态的,很少见景生情,更难生成特殊的感情;二是即使生成特殊的感情,可没有随后形成文字,时间一长,这些感受也就烟消云散了。我则不然,我会触景生情,生成的情是姓“陶”的,而且还能当晚写成作品。于是,就留下了一篇篇独具特色的作品。

(二)理性的光照

我所写的作品,尤其是近些年来所写的作品,不管是对话文章,还是通讯作品,并没有简单地就事论事,几乎篇篇有属于我的理性思考,并自然地楔入对话与描述的文字之中,从而闪耀出了具有“陶氏”风格的理性光华。

1. 对话文章的理性话语

《周易》等经典所言的“道”,具有生命规则的形上之义,我的对话文章,不少则有了道的况味。不过,它并非只是形上之解,还有方略与路径之义。如果说理念是对观念世界的努力探索,那么区域与学校教育,以及课堂教学等的实践,就是为教育理念的践行开辟空间。没有在实践上的行走与探索,非但不可能触摸到形上之道,即便是方略与路径也难寻见。我的对话文章,目的就是要让更多有缘的教育人士在每一篇对话文章中,觅见管理与教育教学之“术”的同时,也能去叩问“道”的奥妙,并生成一种与“道”维系的生命能量。

我的对话文体的文章与著作,多是通过 QQ 聊天的形式完成的,而有的则是直接面对摄像机即兴而谈。在对话的时候,如果对方水平较高,往往会激起我的灵感,随之而有了源源不断的闪烁着理性的话语。比如2010年8月14日,在北京网易演播室,我与时任教育部语言文字应用管理司司长王登峰进行了整整一天的“经典”对话。除了中午稍微休息了一会儿,六个多小时的时间里,我们一直畅谈不已。他侃侃而谈而又从容自若,富有哲理而又微言大义,不时激起我的兴趣与灵感。尽管前一天晚上我休息得非常不好,但思路并未出现太多的“断路”现象,而不少对话内容也多有理性的光华。比如下面的一段话——

人们的自律之所以差,有种种原因,但疏离经典、远离经典当是一个重要原因。在中国儒家文化中有一个很重要的内容就是道德完善,道德不是审视他人并去监督他人的,而是自我的一种修为,道德完善应该是人类的一种自觉的追求。正如体育比赛一样,我们越具有体育道德,就越能提高运动的水平。而这些在经典中有很好的体现。比如“慎独”,在《中庸》里面就有很好的体现。《中庸》是自我心性修养实践最好的体现。“是故君子戒慎乎其所不睹,恐惧乎其所不闻。莫见乎隐,莫显乎微,故君子慎其独也。”所以,君子要谨慎。谨慎什么呢?“其所不睹”,就是在别人看不到你的所作所为时要注意并戒备。“恐惧乎其所不闻”,在人们听不到你的言论的地方也一定要注意,要有一种自我戒备与恐惧。这个世界由道、理、义在规范制约着,要想人不知,除非己莫为。“莫见乎隐,莫显乎微”,没有什么东西比隐讳的东西更容易被呈现出来给人看见,有些人将自己的缺点与不足藏起来,以为别人看不见,其实是藏不住的,反而因为隐藏而更加显示出来。“莫见乎隐”,没有什么比所隐藏起来的那些东西更容易显现出来,有人认为很多事情很小,见小利去拿小利,那你今后可能见大利去拿大利,最后可能发展为窃国。

《中庸》的一个关键词就是“诚”。“诚”的对立面就是本能之“欲”。如果一个人的私心太多、私欲太大,就会处处为了自己去贪婪争斗,就会为达到目的而不择手段。《中庸》告诉人们,人生要依中庸之道办事,不偏不斜。人生不要做加法而要做减法,减去扰乱自己心灵的外在的一切物质的、欲望的、权力名誉的东西……这样才会成为一个诚实、规矩、内心坦荡自由的人。《中庸》开篇论述了人的自我修养与自我反省的要点,指出有道德的君子要慎重对待自己的独处,将大家所看不到的美好品德充实起来。这就是自律。在《论语》《周易》《中庸》中都可以找到经典的论述。《周易·系辞上》就特别提道:“君子居其室,出其言善,则千里之外应之,况其迩者乎?居其室,出其言不善,则千里之外违之,况其迩者乎?”“言行,君子之所以动天地也,可不慎乎。”对中国经典文化的淡漠,对西方文化的认同,就会导致丢掉很多有价值的东西。所以,对中国文化的坚守非常重要。

类似于这样的有理性光华的话语,在一天的对话中几乎俯拾皆是,此前并未做什么准备,而是根据王登峰司长所谈的内容,即兴给予呼应。

2. 通讯作品的理论述说

一篇教育通讯或报告文学作品,如果绝大多数甚至全部是对人物或事件的描写与叙述,也不失为优秀之作。不过,如果在描写与叙述的同时,有机地融入一些深层思索,在作品中不时闪烁出理性的光照,给作品以厚重感，乃至给读者以哲学的思考与启示，更为上乘之作。

比如在撰写黑河市第六小学的童话教育时，我并没有只写其事，而是开头就有理性的话语——

《中庸》开篇即说："天命之谓性，率性之谓道，修道之谓教。"意思是说，人的自然禀赋叫作"性"，顺着本性行事叫作"道"，按照"道"的原则教育叫作"教"。

童心童趣是孩子的自然禀赋，童话中无处不荡漾着童心童趣。老师有效地引导孩子阅读童话，就打通了孩子本然的天性之"道"。同时，每一个学生又都有其不同的个性，因材施教，即"率性"才能发展其个性。基于这种思考，黑河市第六小学确定了"回归天性，发展个性，构建精彩校园"的办学理念。

童话是用儿童语言来歌颂真善美、鞭挞假恶丑的一种文体。让小学生大量地阅读童话，就等于对他们进行了真善美的教育。儿童的心灵世界犹如一张白纸，染赤则成赤，染黑则为黑，诚所谓"蓬生麻中，不扶而直；白沙在涅，与之俱黑"。其实，这就是"修道"。为此，刘北虹校长和她的班子提出了"学会尊重，发掘灵性，完善人格，促进成长"的童话教育理念。

在我写的《从基本均衡向高位均衡挺进——南宁市兴宁区优质教育发展掠影》通讯作品开头，我先进行了一番与均衡教育相关的议论——

孔子说："不患寡而患不均。"他所倡导的"有教无类"，让一贫如洗的百姓之子与身居高位的官宦子弟享受到了同等的教育。从本质上说，当年他所实施的就是均衡教育，而且是真正意义上的优质均衡教育。

当年孔子虽然有弟子三千，可他们有着同样的“硬件”——只有他这一个老师且兼任校长，所以，均衡教育并不难实现。

2500多年后的今天，学校及教师数量如此之巨，办学条件优劣不等，师资水平高下不一，要想实现均衡教育，也就成了一个比较难解的“方程”。但是，人生而平等，在接受教育方面，也应当享有平等的权利。所以，推进均衡教育，就成了一种必然的选择。

我认为，单纯地写人记事，即使写得清清楚楚，甚至还有点文采，但如果缺少理性的光华，没有作者自己思想的流动与生命的能量，还是没有力量的。所以，我所写的文章都不是就事记事，而是都有一定的理论评说，而且没有预设在先，都是即兴信笔而来。这样，更加自然与真实，也更加接近“道”。为此，就要不断地给自己增添理论能量。所以，学习是断不可少的。不但要学习教育理论，还要学习教育之外的大师的经典述说。那些经过时光流逝、大浪淘沙之后，仍然定格在有思想与文化的人心里的精品，是可以不断补充自己的生命能量的。比如，《论语》《老子》《大学》《中庸》《学记》等，如果认真研究，甚至倒背如流，其中的经典思想，就有可能走进你的思想之中，甚至神奇地“化”成你的东西。于是，结合自己的教育采访与生命感悟，就可能有源源不断的理论活水汩汩流来。我平时的工作太过紧张，常有“学如不及，犹恐失之”的感慨。虽日积月累，依然感到力不能逮。所以，要想不断地超越自己，学习时间还需要拉长。当然这会缩短采访的时间，也可能会错过很值得采访的对象。不过，有的时候是急不得的，欲速则不达，没有源源不断的生命活水，何以更快地推进采写的进程？“不舍昼夜”的时光总是从身边无情地流去，如何让自己的生命更具色彩？非学与采有机结合是不可以的。

有人问我何以能够做到不备而言，出口成章，我认为主要有两个原因。第一，坚持诵读“天书”。很多年以来，我绝大多数读的都是“天书”，即经典著述。但这跟我的对话有关系吗？表面上看是风马牛不相及，而实际上关系极为密切。因为这些“天书”不但闪烁着智慧的光华，而且流泻着思想的要义，它在无声无息中提升着我的思想文化品位。所以，我从一些大师那里汲取到了很多意想不到的智慧。在很多对话文章中，我所引用的经典名句，都是信手拈来的。我甚至感到，这些“天书”就是点燃我智慧火花的火把，没有它们，我的思维之火就会熄灭。

多读“天书”，是不是就不需要关注教育教学实践了呢？当然不是。这是一个人生命提升的两个层面，缺一不可。如果只在“道”的层面奔波，而不深入教育教学实践之中的话，所学之“道”就会成为空中楼阁，真的是无可用之处了。只有“天上”与“地下”结合之后，才能使“道”落地，使“地”生辉。所以，我的体验之二就是脚踏“大地”。30 多年来，我每月都要去学校采访，有的时候一周可以去几个学校，并且走进课堂，听课评课，从而形成了关于教育教学感知的属于自己的话语。所以，我的对话也好，即兴评课也好，不仅有了一定的理论性话语，而且这些话语又都与实践这片沃土合而为一。

(三)感情的投入

《文心雕龙》有言:“夫缀文者,情动而辞发;观文者,披文以入情。”是的,作者有了真情实感,才能形成流淌着感情之水的语言;而读者也才能通过这些语言,感受彼时彼地作者感情的跃动。

1. 思路妈妈的“无情”之爱

黄思路与妈妈

我在采访的时候,经常会遇到一些让我感动的人与事,有时听着听着就禁不住泪流满面。当我写作的时候,这些感情就会抑制不住地翻涌出来,撞击着我的心扉,让我一边流泪,一边形成文字。比如我在采访第四届全国十佳少先队员黄思路的妈妈王晶老师的时候,就为她谈起的女儿初上幼儿园时的情景而感动,也就有了如下的文字——

思路不到3岁入的幼儿园。第一天去幼儿园,她也与其他孩子一样,哭着闹着要回家找妈妈。幼儿园的老师实在拗不过,只好将思路送到家里。

妈妈没有让思路进门，尽管她知道此时女儿对妈妈是多么的依恋，但她还是十分严厉地要思路返回幼儿园。思路在门口哭了很久，先是小声啜泣，后是放声大哭，凄切动人，令人不忍耳闻。妈妈在屋里听着这揪心的哭声，心里一阵阵地战栗，孩子毕竟是妈妈的心头肉啊！但是理智又告诉她，如果这次让思路进了家门，无疑向她传递了一个信息：哭闹是要挟妈妈的一种有效手段，不仅明天可以哭着从幼儿园回来，其他事情也可以用哭来达到自己的目的。于是，妈妈打开屋门，挡住门口，对思路说："如果你是个好孩子，就勇敢地擦干眼泪，乖乖回去，放学时妈妈高高兴兴地把你接回来；如果你要当个坏孩子，就站在这里哭，不会有人来理你的！"

妈妈又关上屋门，令思路长哭不止。

屋内无一反应，疼爱女儿的灼热情感在妈妈心中燃烧。

思路终于妥协了，她轻轻地叩门，用哭哑了的声音央求道："妈妈送路路回幼儿园。"

妈妈打开屋门，看着满腹委屈的女儿，心中又是一阵战栗。但是，她又是十分清醒的。如果这次送思路去幼儿园，明天她还会闹着哭着返回家。由妈妈送回去，其实，还没有从根本上解决问题。妈妈一咬牙，说："你自己去，妈妈回来去接你！"

思路又哭了一阵子，终于绝望了。她又一次叩开了屋门，抽泣着说："妈妈早早来接路路……"说到这里，她早已泣不成声了。妈妈强忍住泪水，替她擦干眼泪，亲亲她的脸蛋："妈妈一定第一个去接你。"

思路无奈地去了，她是面对着家门，倒退着去的。背着小书包，戴着小黄帽，眼巴巴地望着妈妈，一边抹眼泪，一边举起小手，用早已哭哑的嗓子小声叫着:“妈妈再见!”直到再也看不见家门了,才慢慢地转身走去。

思路走后,妈妈的泪水早已流出来了。思路可是第一次离开妈妈,到一个谁也不认识的环境里去生活啊!她还会哭吗?她生妈妈的气吗?好不容易等到放学的时间,妈妈便匆匆赶到幼儿园。

思路是飞着跑到妈妈的怀抱里的。她紧紧地抱住妈妈的脖子,亲了又亲,泪水与笑声混合在一起。她怕妈妈离开,她离不开妈妈的关爱。这个鲜活的小生命,与妈妈永远是最亲近的啊!

从那以后,思路再没让妈妈送她,也再没有哭着闹着要见妈妈。时间不长,她适应了幼儿园的生活,上幼儿园成了一种习惯,甚至成了一种快乐,她像小鸟一样唱着歌去,也像小鸟一样飞着回来见妈妈。

直到今天,我再读这段文字的时候,还是止不住夺眶而出的泪水。我当时甚至认为,王晶老师对待自己的女儿有点太“狠”;可细细想想,这其中包含的正是超越小爱的大爱。君不见,有些家长在对待孩子的哭闹时,将对孩子的百般疼爱化作对子女的百般依顺,乃至于百般溺爱。正是这种爱,贻害了孩子,甚至贻害了孩子的终生。而王晶老师为让孩子养成良好的习惯,将大爱与难过隐藏于内心。这,恰恰更让我们为之感动,为之敬仰。

2.“千载有余情”的代光乾

鲁迅先生认为,美学意义上的悲剧,是将人生有价值的东西毁灭给人看,比如托巴斯·哈代笔下的苔丝,莎士比亚笔下的哈姆雷特,曹雪芹笔下的林黛玉等,通过他们生命的毁灭,来引起读者心灵的震撼。文学作品如是，而在我采写具有悲剧色彩的真人真事时，就更会被震撼。比如2002年4月，我去山东平度采访已逝的刘家官庄小学代光乾校长的家人及同事的时候，就一直被感动着，常常在采访时一边流泪，一边记录。回到济南，我几乎是一口气把这篇长篇通讯写完的，题目就叫“其人虽已殁，千载有余情——代光乾校长与刘家官庄小学诞生史话”，在“题记”中我这样写道——

他虽然没有惊天地、泣鬼神的丰功伟绩，却演绎了与教育与百姓心魄相系的一个个真实而又动人的故事。

他只活了47岁，比起长命百岁的老寿星来，他缺少足够的生命长度；但他的生命亮度永远闪烁着灿烂的光彩，令人们始终有一种须仰视才能看见的美丽。

在这篇报道的开头，我这样写道——

平度市白埠镇现河北岸。

一座普通的坟茔，一块寻常的墓碑，厮守着安息于地下的一位年仅47岁的小学校长代光乾。

2002年4月5日，清明时节，和着细雨的低泣声，上千名教师与村民陆陆续续地赶来，悼念这位英年早逝的校长。他虽然没有惊天地、泣鬼神的丰功伟绩，却演绎了与教育与百姓心魄相系的一个个真实而又动人的故事。于是，教师与百姓也与他有了永远斩不断的情丝。所以，在这个“路上行人欲断魂”的时节，人们自愿而来，向逝者表达深深的哀思——将花圈庄严地放在他的墓前，悲声回转，聚成呜咽一片。记者近日在代光乾亲友家中，以及学校里、村落间采访时，被访者依然悲痛得“无语凝噎”……

我采访的所有人中，只要提到代光乾校长，几乎个个立即肃然起敬且泪水流溢出来。特别是采访他的妻子与父亲时，我擦泪水的纸巾换了一张又一张，最后竟然因为已经用罄不得不用衣袖来拭去继续流淌的泪水。下面是我写代光乾父亲的一段文字——

代光乾为自己的人生画下一个圆满的句号之后，就悄然地在地下安息了。他的精神，却给世人以陶冶以激励以启迪。这正中了先哲老子之言：“死而不亡者寿。”

代光乾的母亲在他长辞人间后的第45天，便在思子之痛中告别人世。代光乾的父亲代存志，一位73岁高龄的老人，何以承受如此之重的打击？但在记者采访中，人们都怀着深深的敬意叙说着这位坚强老者的事迹。以他为主的“代光乾事迹报告会”已经开过五场，场场爆满，场场引起轰动。是什么力量支撑着他如此坚强地面对人生？为此，记者采访了这位老人。

推开虚掩的大门，一个始料不及的场景映入记者的眼帘：老人家正在压水井旁不紧不慢地压着水。除了有节奏的压水声，整个院落里再也听不到任何声响。幽静中弥漫着寂寞与孤独，水声里糅进去无声的叹息。

而在采访代光乾的妻子尹志美时，我更是无法抑制悲痛的感情，与她告别的情形,都如实地写在了这篇通讯作品中——

记者与尹志美握手道别的时候,她的脸上还挂着几滴眼泪。但她努力地笑着,一直把我送到大门口。我与她挥手告别,突然发现大门的上方还贴着"好人一生平安"的对联,可能是代光乾在世时贴上的。我的心里猛地一酸,人人都说的好人代光乾,却为什么没有平安地走完他的人生路?为什么他的妻子还在这"平安"的家里,以泪洗面地怀念着那个早逝的丈夫?

正是因为这份浓得化不开的感情,才让我的文字中一直流动着悲痛、感动与敬仰的情感,也才有了让读者"披文以入情"的可能。从这个意义说,一个优秀的作者,必须是有情感的人。"冷血者"写不出好的作品,因为最美好的感情是与他们格格不入的。

3.《青翠的棕榈》的景中情

写人记事的作品需要作者感情的投入,写景也是如此。王国维在他的《人间词话》中这样说:"一切景语皆情语也。"王阳明还有这样的妙语:"你未看此花时,此花与汝同归于寂;你来看此花时,则此花颜色一时明白起来。"是的,再好的鲜花,因为作者感情的不同,往往在心里呈现出截然不同的形态。我有一本书叫《行旅有道》,是我的游记作品。在我与同行者看到一处美景的时候,我曾问过他们的感受,多数会说"真好",但也有个别人没什么感觉。由于感受不同,下笔成文的时候,同样的景色也就有了不同的感情色彩。即使说"真好"者,也多流于表面层次的感受,所以,写不成作品,即使写出来,也很少有味道。我是一个乐观主义者,而且对于不同的景色,多有属于自己的不同的审美感受,所以,也就有了一篇又一篇的散文游记问世。

1999年12月,我去新加坡和马来西亚,就写下了不少游记,有一篇是《青翠的棕榈》,其中有这样一些文字——

> 公路两边,是漫野的棕榈与橡胶树,遮蔽了土地,远近绵延,无边无涯。尽管这些树木没有高耸入云的树干,但那大大的叶子,繁茂葱翠,十分宜人。它不似原始森林那样高低不同、疏密不一,而是横竖成行,呈示着有序与规则。原来,棕榈均系人工种植而成,而且大都生长在一个个凸起的土丘上。因为这种植物需要充足的水分而又害怕涝灾,马来西亚高低起伏的地势与常年有雨的气候,便为其生长提供了天然的契机。它不像国内农村的庄稼那样在一年之内生死轮回,而是可活30来年。这里的人们无须一年一度地忙于种植与收割,只是按季收获。棕榈的果实可以榨油,并成为马来西亚人的主要食用油,其榨油的产量与出口量,与橡胶等一样,在世界稳居第一。沿途旷远的土地上,很少见到房舍,更鲜见有人群居住的村庄。
>
> 9点多钟,原本阳光灿烂的天空突然飘来几片乌云,顷刻间,雷鸣电闪,暴雨如注。公路两边的棕榈,与茫茫无边的大雨做着顽强的抗争。公路上已有积水流泻,棕榈的每一片叶子上,都因雨水的冲刷而更见生命的绿色。十几分钟过后,乌云无声地隐退,阳光又从云隙间洒落到株株青翠的棕榈上。滞留在绿叶上的颗颗晶莹的

水珠，则将片片棕榈装扮得风光无限。

这时候，汽车内没了声响，每个人都将窗子打开，去观照棕榈雨后的生命状态。司机似乎读懂了我们的心思，将车停放在一个不大的停车场上。于是，人们便不约而同地奔向近处的棕榈林。

棕榈的叶子很似芭蕉，叶柄有细细的小刺，因淋了雨水，变得比较柔软，用手触摸，有一种柔嫩的感觉，痒痒的，十分舒服。一阵风起，颗颗晶亮的水珠便害羞似地滑落到地上，顿时融入大地母亲的怀抱里。

据导游说，棕榈开花时，从叶间钻出内穗，黄花点点，十分美丽。可惜此时不是开花季节，空留诱惑在我们心中盘旋。但这骤雨，这绿色，这轻轻的触摸，已令我们感到美在其间、妙在其中了。

这是当天晚上写的，等过了一两天，再问同行者对棕榈的印象时，多是模模糊糊地说上几句不痛不痒的话，甚至有的连长什么样子都忘了。这固然与他们没有随即写成游记有关，同时，在观看这些棕榈的时候，也与没有动“情”或稍有一点儿动“情”有关。其实，世上万事万物都是有生命的。作为有生命的人，在观照其他生命的时候，如果没有感情的投入，就很难在心里产生情感的共鸣。由此写出来的文章，也就少有感情。读者可以从上面我所写的文字中，感受到我不只是对棕榈细细观察了，更是与它有了感情上的“互动”，所以，形成文章之后，那些棕榈也就有了生命的意象。

写作，不只是要有文字功夫，还要有真情实感。做任何事都一样，你不投入感情，对方也对你没有感情。人如此，物亦如是。

五 “诗外”功夫

诗人陆游对他儿子说:“汝果欲学诗,工夫在诗外。”写诗如此,写其他文体的作品也一样。如果只关注写作的方法技巧等,不在“诗外”下一番大功夫,是不可能写好文章的。

那么,什么是写好文章的“诗外”功夫呢?

(一)止于至善

真正的大师之所以能够抵达至高的境界,其中必有一个要件,那就是做人一定要做到极致。前一段时间读《爱因斯坦晚年文集》时很是感慨,其中有一句话是这样说的:“无论是教堂还是大学——在它们行使其真正的功能的限度内——都是为了使人变得崇高。”在爱因斯坦看来,学习知识重要,学习科学也重要,可是,学习的终极目的并不是这些,而是为了让人变得崇高。

1. 孔夫子的做人之道

孔子的教学总纲只有 12 个字:“志于道,据于德,依于仁,游于艺。”12 个字中前 9 个字都是直接谈修身做人的,最后 3 个字也不是与修身做人毫无关系。《大学》开篇则说:“大学之道,在明明德,在亲民,在止于至善。”也是谈做人之道的。

所以,古人不但主张立言、立功,还要立德。因为言为心声,没有心之德,就不可能有言之美。如果思想、人格不好,写作的时候,即使百般掩盖,其不良的思想也必然会在作品中显现出来。相反,如果有高尚的人格,在写作的时候,也会在不经意间将其高尚的人格流淌于文字之中。所以,不朽之作中,不但摇曳着智慧的光华,也多流泻着思想的要义。看来,真想写出经典作品来,首先就要做好人。有了“止于至善”之德,再有一定的生活实践与文学造诣,好的作品也就自然写出来了。

北宋大儒程颐曾经说:读《论语》,读之前是这种人,读了之后还是这种人,可见《论语》白读了。南宋大儒陆九渊也讲:不识一个字,亦须还我堂堂地做个人。

所以大家看孔子谈好学的时候,好多不是谈的学知识,而是谈的学做人,孔子说:“君子食无求饱,居无求安,敏于事而慎于言,就有道而正焉,可谓好学也已。”意思是说,君子吃饭不要求太好太饱,居住得不一定太安逸,勤勉地做事,谨慎地说话,向有道的人看齐,来匡正自己,这就是好学。

看来,孔子所认为的“好学”,完全是从人格之“好”上来谈的。

当时鲁哀公问孔子,你有弟子三千,贤者七十又二,你的学生中谁最好学呢? 孔子这样回答:“有颜回者好学,不迁怒,不贰过,不幸短命死矣,今也则亡,未闻好学者也。”意思是:我有一个弟子叫颜回,不迁怒不贰过,可惜他短命,早早死了,现在没有这样的学生了,没有听说谁更好学了。大家看看,孔子说颜回好学只有六个字:“不迁怒,不贰过。”即不把自己的怒气无故地迁怒到别人身上,不犯同样的错,谈的还是修身做人。

孔子之学,更多的是修身做人的学问。所以,我在《联合日报》上曾经刊登过一个系列讲座,谈的就是“读《论语》,学做人”。

大哲学家康德说,世上有两样东西最使他敬畏,那就是头上的星空和心中的道德律。头上的星空是宇宙论问题,心中的道德律是人类学问题;头上的星空是外在的必然,心中的道德律是内在的良知。可以说,“教育的唯一工作与全部工作可以总结在这一概念之中——道德(即良知)中”。这种道德律是人与人、人与社会、人与自然和谐共生的规则。谁违背了这种道德律,破坏了这种均衡,谁便将受到惩罚。试想如果没有了同情心,人类将自设壁垒,变得自私自利;没有了理解,人类将思想狭隘,自残自戕。那么我们的社会将会是什么样子?我有个感觉,同样的工作时间,为什么有的老师工作效果好,有的老师工作效果不好呢?为什么这样说呢?因为都是教一节课,但足足备上三个小时的课,跟备一个小时的课是大不一样的;全心爱孩子跟不爱孩子,也是大不一样的。所以,有人说,老师这个职业是个良心活。

我在曲阜师范学校教了三年课,对孔子情有独钟。大家都知道,有一天,孔子的弟子司马牛问了孔子一个问题:“什么是君子?”孔子是这样回答的:“君子不忧不惧。”即不忧愁不害怕。司马牛疑惑地问老师:“不忧不惧,斯谓之君子已乎?”大家看孔子是怎么回答的:“内省不疚,夫何忧何惧?”自我反省,没有任何愧疚的地方,还有什么忧愁?有什么害怕的?我认为,一个优秀的老师,应当做到内省不疚。比如上了一天课,回到家里,将要睡觉的时候,自我追问,我今天的工作对得起我的学生吗?我对得起我们学校吗？我对得起自己的良知吗？当感到都能对得起的时候，就能做到内省无疚了，也就有了君子人格。

2. 于永正的温和宽厚

于永正老师和学生

孔子的高足子贡称颂孔子具有“温、良、恭、俭、让”五种美德。笔者认为，孔夫子有之，于永正老师亦有之。

受篇幅限制，仅谈其中之一的“温”。

初见于永正老师，一般人也许会觉得他是誉满全国的名师，一定是行止傲然，很难接近。其实，当你真的走到他跟前的时候，就会发现，他就是你的一位长辈或朋友，与你亲切地交谈，让你从他的平实与自然中，感受到一位大家所拥有的内在温和之美。哪怕是对待小孩子，他也从不以权威自居，而是呈现其独有的敦厚温良之美。即使学生犯了错误，他也只是温和地笑着，用智慧的话语轻轻一点，让学生知错而改，“见贤思齐”。这其中既有他显现于外的高超的教育艺术，而更重要的，还有其内隐于心的善良厚道的优良品质。

这并不是说于永正老师对学生的错误听之任之，一味迁就。有的时候，他也比较严厉，甚至会加以批评。可严中蕴涵着的是对学生深深的爱。而且过后不长时间，他一定会寻找机会，发现这个同学的某个闪光点，然后进行郑重表扬。如果实在找不到表扬这个学生的理由，他就会很友善地请这个同学帮老师做点事，或者请他做一件其他有益的事。因为他了解学生的心理，他们知道，老师特意安排某个学生做事，不是什么惩罚，而是特殊的信任。而且学生的“忘”性很大，当得到老师的表扬与信任后，就又有了自信与自豪感。

在于永正老师的“词典”里，温和与宽容是一对同胞姐妹，宽容体现出来的不只是一个人的大度，还是待人以善的美德。

在“文革”期间，有一个学生骂于永正老师，其他学生听到后，对这个学生群起而攻之，差一点拳脚相加。于永正老师听到这个消息后，写了一篇《学生为什么骂我》的文章，并在教室里读给全班同学听。文中，他客观而又诚恳地分析了学生骂他的原因，尤其是寻找自己的问题，主动承担应负的责任，并当众向骂他的同学道歉。同学们被感动了，那个骂他的学生也被感动了，连连向于永正老师道歉。后来，孩子的家长听说了这件事情，专门赶到学校，不但向于永正老师赔礼道歉，还十分敬重地向他鞠了一躬。

其实，在这场“风波”中，主要的错误在那个学生，于永正老师却主动从自己身上找问题，并重点剖析自己的责任。在他看来，孩子尚小，犯点错误当属正常；而自己是为人师者，犯了错误则不能原谅。孔子说：“过则勿惮改。”于永正老师不但不怕改正错误，而且还会像《周易》上称道颜回那样：“知之未尝复行也。”

苏霍姆林斯基说：“有时宽容引起的道德震动比惩罚更强烈。”设想，如果于永正老师对那个骂他的学生狠狠地批评一番，绝对会出现另一种结果。正是于永正老师的知错而能改，才如《周易》之言：“不远复，无祇悔，元吉。”

有一天，于永正老师的徒弟在网上看到一则批评于老师的话，便“挺身而出”，替于永正老师争辩。他得知这件事后，便语重心长地对这个徒弟说：

“首先要感谢这些批评我的人，因为批评是深层次的关心。接着，就要思考别人说的、骂的有没有道理。我们虽然还不能像子路那样‘人告之以有过，则喜’，但至少要冷静，要思考，做到有则改之，无则加勉。”为此，于永正老师还专门写了一篇短文，让这位徒弟“贴”到了网上。

弘一法师说：“人之谤我也，与其能辩，不如能容；人之侮我也，与其能防，不如能化。”于永正老师既能“容”，亦能“化”。《尚书》说得好：“有容，德乃大。”

是的，于永正老师不但是一位大智者，而且是一位大仁者。智仁双备，才能成就一位真正意义上的教育名家。因为智仁是本，“本立而道生”。所以，我们在读于永正老师的文章时，总有一种正向的能量，在有意无意间传递出来，让你也不自觉地走进真善美的境地。

其实，所有的写作，都有一个价值取向问题，只不过有的明显，有的隐蔽罢了。古人之所以说“文如其人”，也是从价值取向上来说的。如果一个人心术不正，道德败坏，即使他千方百计想着写出一篇很有人格品位的文章，也是极其困难的。相反，如果人格高尚，即使在不经意间写出来的文章，也会有极高的精神品质。从这个意义上说，“止于至善”，尽管可能不会提高你的写作技巧，却有可能提升你的写作之“道”。

（二）安顿心灵

心灵浮躁者既不可能好好地读书，也不会写出好的作品来。所以，写作的时候，一定要有一颗文化定心。不管外面多么喧嚣，多么有诱惑力，作为写作者，都要将心灵安顿下来，不然，心乱文亦乱矣。

1. 我的写作定心

好多人问我:“陶老师,你写了这么多的文章,都是什么时候写的啊?”一想也是,我原来在山东教育社当总编辑时,那么忙,可是读书不辍,每个月还要发表一到两万字甚至更多字数的文章。现在退休后写得更多,一个月常常发表五六万字甚至更多字数的文章。那么,在什么地方写,在什么时候写呢?更多是在办公室里写的。乱不乱?在一般人看来,当然是乱的。有的时候,人来人往,还有一些电话。可是,我的心里一点儿也不乱,一点儿也不急。人来了,接待之;电话来,接听之。人走了,电话停了,便继续写作。而且,还有一些文章,特别是游记散文,是在宾馆里、火车上、飞机上、轮船上写成的。在一般人看来,这些都不是写作场所,他们的意念之中就有一个思维定式,人声纷乱的地方,是不适宜于写作的。可是,我不这样想,心定了,外界的喧嚣声音几乎就听不到了,即使听到了,心里依然是安定的。所以,一点儿也没有影响到我的写作。可是,如果有人了解一下我的工作现状,就会感到不可思议了。因为我每个月至少要出差半个多月:听课、评课、讲课、采访、开会等,只有不到半个月的时间在办公室里,但由于心灵自由,写出这么多的作品,也就有了水到渠成之势。我等小辈,尚能收获这些小的果实,那么大师呢?当然是大获丰收了。但如果没有一个宁静致远的心境,是绝对不可能不断地摘食巨大丰收之果的。

所以,要想写好作品,多出作品,就要在工作之余、节假休息之时,驶进一个宁静的心灵港湾,不知繁乱纷争。功利之心淡失,浮躁之气远遁。于是,唯有将自己融入宇宙自然和人文风景中,做到洒脱与飘逸、从容与愉悦,方可享受写作带来的审美快感。

2016年12月19日，我在大连瓦房店师范学校(大连大学初等师范学院)为大连市部分农村骨干校长作《现代校长的文化修炼》和《高效教学的道与术》报告。因第二天9点10分就要从大连机场乘坐SC4907航班返回济南，为不耽误乘机时间，当天晚上我们驱车前往大连，住在了机场附近的酒店。可20日赶到机场后被告知，因济南机场雾霾严重，飞机无法起飞，SC4907航班取消，只好改签下午起飞的川航飞机。整个上午，我就在候机大厅里，全心全意地撰写吴功明著作《素质至上——山东省昌乐外国语学校文化建设解码》的书评。没想到川航飞机航班再次取消，只好再改签成次日下午返回济南的山航班机。于是，我又从容地回到酒店，继续撰写书评。傍晚，写成了这篇7500多字的书评，后来在2017年1月7日以一个整版的版面在《中国教育报》第4版上发表。12月21日上午，在酒店房间又完成了闫兴刚校长《且行且思》一书序言的写作任务。

当时，因济南等很多机场的雾霾都非常严重，绝大多数飞机无法起飞，有些等待的乘客急躁地与机场有关人员吵起架来。他们乘机心切的心情可以理解，可由于天气原因而致使飞机无法起飞却是铁定的事实。即使争吵生气，也无济于事。何不在这个时候，做一些应该做且有意义的事情呢？

在那一天半多的时间里，我的心情一直很放松，写作的效率与质量也比较高，而且还有一种成就感。其实，不管在什么地方，只要将心安顿下来，就可以很好地写作。很多时候，不是外面安静与否的问题，而是自己的心灵能不能安静的问题。

2. 徐斌静夜之写

徐斌老师

大家知道，当今全国著名的特级教师都相当忙。于是，有的人认为，他们很难安下心来写作。其实不然。

在采访著名小学数学特级教师徐斌的时候，我感到他真的很忙，不但要教数学课，还要处理作为校长应该处理的管理事务。人们只是从白天繁忙的工作中，看到他那马不停蹄的身影，却不知道还有夜间尤其是深夜中的另一个徐斌。

夜阑人静的时候，徐斌更多地是游弋于写作的海洋里。因为他感到，自己丰富的教学实践经验，以及在数学教学等领域里的理性思考，应当以"立言"的形式，让其成为一种永恒的精神收藏，为自己，也为别人。

有人说，写作是一个苦差事，徐斌却认为那是一种妙不可言的审美之旅。他曾用诗一样的语言形容写作时的情景——

我享受着上天所赐予的这份独特的宁静。常常在夜晚，月光打湿了窗帘。一种情愫，慢慢地在空气中弥散。窗外，月光或飞或洒或流或泻，在天为霰，落地成霜，涓涓汩汩……房间里，没有其他的声响，任由我的思想和自己的灵魂一次次地碰撞。"嗒，嗒……"指尖在键盘上流淌着心灵的旋律，我不断咀嚼着白天课堂上的点滴，沉浸在这样安逸的宁静里，心中似有暖暖的东西流过。

诗意的心境、丰沛的知识、独特的思考，让徐斌的文字在跳跃着形象美与抽象美“互文”之舞时，同时也拥有了巨大的智慧含量，并闪耀出理性的光华与艺术的美丽。在其发表于几十家报刊上的数百篇文章以及他的专著《走近徐斌：为学生的数学学习服务》《追寻无痕教育》《徐斌与无痕教育》中，我们不但看到了他数学课堂教学的神奇，同时，也看到了他那种“发愤忘食，乐以忘忧”的乐感文化情结，以及“得天下英才而教育之”的历史担当。这种种情形会不断地叩击我们的心扉，让我们在“见贤思齐”的同时，也自然而然地生发出一种新的生命追求。

(三)上“天”入“地”

什么是上“天”呢？就是读世界大师留下来的精神文本，即读经典。因为这些文本内蕴着丰富的思想内涵，有着千古不衰的意义；同时，不同经典的语言尽管各有不同的风格，但是都有其美轮美奂之妙。读得多了，就会拥有厚重的思想。于是，再写作的时候，文中就有了一定的生命张力，也有了属于自己的语言风格。但凡真正意义上的作家，几乎没有一个不是从“天书”中汲取生命精华的。比如先秦时期，中国并没有多少书，以《诗经》《尚书》《礼记》《乐经》《周易》《春秋》六经为主，一个人不用太长的时间，就可以将全国的书读完。可是，因其都是“天书”，从内容到形式都极好，只要读就一定会大有收获，是真正意义上的开卷有益！所以，就有了诸如孔子、孟子、老子、庄子、荀子、韩非子、屈原等大思想家与文学家。这种壮观的文化现象告诉我们一个道理，“天书”中有思想、有智慧、有文采，从中取其要义，则可以生成一种巨大的生命能量。现在书是多了，甚至一天出的书我们一辈子都读不完，可是，这些书的质量有高有低、有优有劣，稍不小心，就有可能读了没有多少品位的书，甚至读了品质低劣的书。所以，有的时候，开卷不但无益，反而有害了。由此看来，“天书”才是我们生命的滋养品啊！

那么，什么是入“地”呢？就是要有丰富的生命实践，要接地气。大家想想，现在一些高等学府中的文学博士、博导等，读书一生，甚至也读了不少经典，可是，其作品写得并不太多，有些还并不太好，将来能流传千古者“几稀矣”。究其原因，就是只在“天”上，而没有入“地”。

孔子为什么成了世界上公认的大思想家与教育家？除了研读“天书”之外，就是他一直在“地”上行走，他的生命实践，一直没有离开地气，特别是在周游列国的十四年间，几经磨难，甚至有生命之忧。同时，他的教学，不是谈玄论道，而是直指现实与生活的。他与弟子的对话，无一例外都紧接地气。所以，有的研究者认为，孔子不是思辨哲学家，而是实践哲学家，这是有一定道理的。也正是因为他终生立足于实践，所以，他的思想才有了承载万物的厚重，才有了对生命的思考，才有了“其言也约而达”的教育景观，并凝练成传世经典《论语》。

既上“天”，又入“地”，尽管当下未必就能成为真正的作家，可是，只要天天如此，月月如此，年年如此，到了一定的生命节点上，就一定会写出有影响力的作品来。

比如说我在曲阜师范学校教了三年学，写了一本书《洒落教苑的思索》，内容就是我的教学感悟。你得有你的东西，形成了自己的东西，这才是真正的入地。而且在入地的过程当中,在读天书的过程当中,老师们千万不要着急。孔子说:“无欲速,无见小利;欲速则不达,见小利则大事不成。”一个人事业的成就像一个果实,该成熟的时候自然会成熟。你去催化它,加快它成熟,代价就是这个果子不好吃,而且吃多了身体还会出现问题。所以我建议老师们还是打好根基,凡事顺其自然。

可以说每个年轻老师都希望成为名师,但是我劝大家别急,要着眼于大器晚成,厚积薄发。你们有一个很大的资本——年轻,这个年轻的资本是年老的人永远没有办法夺去的。但同时,也可能有一个最大的缺失,便是文化积淀往往不够,所以我就提出了一个蹲苗说。

什么是蹲苗,我当了十年农民,那时候家家都有自留地,就一小块。我那周边几个村里没有比我种的玉米好的,我是怎么超过那些种田好手的?因为我发现一个问题,有了充足的水分和养料之后,玉米苗会长得非常快。但是一有大风它就会被吹倒,即使没有被大风吹倒,它的棒槌结得也比较小。原因何在呢?我就开始研究它。结果发现,是它的根扎得太浅了。所以我就锄地,把表层的根给它锄掉,最后不行我就移苗,在它长得最茂盛的时候,不让它长那么快,将玉米苗一一移到另外一个地方。移了之后,刚开始它们半死不活,可不长时间,为了生存,它的根就要往深处扎。最后我自留地里的玉米比别人家的矮了很多,但是玉米秆粗了不少,很大的风都无法奈它何。而让人欣喜的是,玉米棒槌比其他农民的大了不少。有些农民专门跑到我那里取经,于是就有不少人也学着给玉米蹲苗,他们也都有了理想的收成。

年轻老师就要学会蹲苗,把根往深处扎,扎得越深,积淀就越厚,若干年之后,就会厚积薄发,想不出成绩都是不可能的。

如果你急于成功,急于成名,就有可能因文化积淀不厚而虽有小名,却只能成为昙花一现式的人物。所以,一定要沉住气,外界的喧嚣,不能动其心;外面的纷乱,不能动其意;暂时的成功,不能弱其志。相信厚德载物,相信厚积薄发,相信大器晚成。这样,就会将所有的成功视作过去,将奋斗目标视作未来。未来永远是未来,未来永远需要去追求。于是,成功就会一个又一个地到来,幸福也会如影随形地萦绕在你的身边与心里。

(四)持续写作

20 世纪 30 年代鲁迅先生在上海时,有一批青年作家对他佩服得五体投地。有一天,他们集合在一起来拜访鲁迅,问了他一个问题——先生的作品写得这么好这么快,有什么秘诀吗?言外之意是,如果有秘诀的话,可不可以告诉我们,让我们的作品也写得既好又快。鲁迅先生的回答很出乎他们的意料,他说,如果有秘诀的话,作家的儿子都成作家了。是的,他的儿子海婴也没成为作家,如果有的话,鲁迅先生是不会不告诉他心爱的儿子的。更重要的是他随后又对这些青年作家说了下面一句话——那些作文技法之类的话语,都是骗人的鬼话,唯有多读多写。何其精妙!

“人人心中有,个个笔下无”的常言表明,写作对于很多学生甚至某些老师来说,都是一件并不轻松的事情。不愿写作,写不好文章,成了不少人难解的“方程”。可有的老师和他的学生,对写作却保持着持久的兴趣,字由心出,情真意长,长年有佳作不断问世。

1. **激发学生喜欢写作的管建刚**

著名特级教师管建刚不仅喜欢写作,还创造了自2005年出版第一本专著以来,每年都有著作问世的成绩。他的写作激情之所以长盛不衰,一个非常重要的元素就是发表。它有着永不消尽的魅力,支持着他在“苟日新,日日新,又日新”的写作中获取生命的动力。

管建刚老师

管建刚想,大人如此,孩子尤甚。在语文教学中,如果为学生开辟一个发表习作的园地,他们也一定会激扬文字,兴奋不已,持续成长。

管建刚是一个有想法就行动的人。2000年春天,他和所教的孩子们一起编辑“出版”了第一份《班级作文周报》。每周一期的报纸来稿,全是本班学生一周内所写的作文。在上面发表了作文的孩子,个个骄傲得像小英雄似的。作文尚未见报的学生,也在摩拳擦掌,试图在下一期上能有自己的“大作”问世。《班级作文周报》瞬间燃起学生心中的火焰,于是,作文不再被学生视作难以完成的作业,而是成了他们内心的美好渴望。

正当一把火刚刚烧起来,孩子们沉浸在创刊初期的兴奋之时,管建刚却因病住进了医院。而让他怎么也想不到的是,他出院时,孩子们竟用自己编辑、排版、印刷的三期《班级作文周报》来欢迎老师的归来。

今天谈及孩子们的作文能力大步朝前迈进的事，管建刚依然激动不已。因为他发现，这份报纸不只是为孩子们提供了一个发表的平台，更为重要的是，也使孩子们写作的春天灿然绽放，成为其童年的美好回忆。一位已经读高二的同学这样写信给管老师说：“再回首，看当时的那些周报那些故事，幸福的眼泪就会吧嗒吧嗒地掉下来。”

童年，每个人只有一个，童年的幸福与否，会或多或少、或隐或显地影响到其未来的幸福感。好的写作教学，不只是要教会学生如何写好作文，还要让他们感受到写作所带来的心灵愉悦，并让这种幸福感持续不断地在未来的生命中延伸且大放光芒。

人们常说“兴趣是最好的老师”，可瞬间即逝的兴趣绝对不是一个好“老师”。除了办《班级作文周报》之外，管建刚还别出心裁地在学生中开展了“等级评奖”活动、“积分”活动和“稿费”活动。这三项活动，不仅成了管建刚作文教学的三大动力支持系统，也唤醒了孩子们沉睡的写作热情，他们在一次又一次地受到激励与鼓舞之后，自然而然地摇曳出童年生活中的一道又一道美好的风景。

管建刚认为，学生尚在成长之中，不能用当下写作数量的多少与质量的优劣，来判定其未来写作的成就大小。他的写作教学，就是要为每个学生搭建一个发表文章的平台，让他们都能生成“我能行”的自信，从而为未来的成长奠定基础。

第斯多惠说：“教育的艺术不在于传授知识，而在于唤醒、激励和鼓舞。”

也许有人会说，为发表而写作或为表扬而写作，精神层次是不是有点儿低。其实，我们不要只看当下的这一表象，而要看到其后延伸的意义。

当初管建刚写作的动机也未必高尚，可是由此而生成的对写作的终生热爱与追求,成了他一笔巨大的精神财产。

心辽阔,境界就辽阔。

今天的管建刚,不会再为得到人们的认可而写作,也不只为了摆脱生存与教学的困境而写作,而是有了一种生命成长的需求。他从写作中发现了自身的巨大潜力,并在精神的窑炉中实现了凤凰涅槃,在写作这条路上一步一个脚印,砥砺前行。每个人虽然只有一次生命,而活法却有千万种。让自己的生命闪烁出耀眼光华之后,再去引领学生走向积极的人生之路。我觉得,这不但能收获当下成功的喜悦,还蕴含了精神高尚的况味。

从其个人写作的一盏灯光开始突围,到孩子们作文的群星灿烂,不正是一场“作文教学革命”吗?

真正意义上的革命,不但有“革故”,更要有“鼎新”。

管建刚与他的学生,则实现了这种精神的超越,从而他们身上共同呈现出奋斗不息的全新的精神气象。

正如斯蒂芬·茨威格说的那样:“一个人生命中最大的幸运,莫过于在他人生中途,即在他年富力强的时候发现自己生活的使命。”(《人类群星闪耀时》)显然,对现状永不满足、对未来不懈追求的管建刚,不但发现了自己的使命,而且担当起了自己的使命,践行了自己的使命,由此让自己的生命如灿烂星河熠熠生辉。

2. 写作成为日常与呼吸的高平

只有多写,才能“熟能生巧”。如何才能熟?持续不断地写作才能熟。山东大学附属中学特级教师高平,就是一个持续写作者。

她说，写作已经成了她生活里不可缺少的部分，条件差的时候找个本子就能写，很多写下的东西在搬家中丢掉了；后来在电脑里写，电脑系统崩溃也丢失了不少；现在用手机写，小小智能手机成了她的写字板。童年往事，她的父亲和大姐，

高平老师

她的远行及其思考，她的朋友和她的教学，她的学生和她的孩子……如果几日不写作，仿佛这些日子就白白荒废过去了。在回家的公交车上，在等会议开始前的小小空隙里，写作成了她的日常，成了她的呼吸。

正是这种持续不断的写作，她之于写作，不但不像有的教师那样写起来非常困难，甚至还有了妙笔生花的乐趣。她将自己所写文字整理成书，出版了两本教育专著《陪小土豆们读初中：隐逸在童心的纯真里》《教想曲：高平教育随笔》。不仅如此，正因为不断地写作，高平也理解了孩子们没有素材的痛苦，理解了孩子们不懂布局谋篇的无奈，当然也渐渐地找到了信心，陪伴孩子们在朴素的故事里面加一味文学的情愫，孩子们也正因为读了她的书，所以更加信赖甚至崇拜他们的“作家”老师。

在中国教育报刊社宣传策划中心联合神州佳教（北京）教育科技有限公司共同发起的“全国教育工作者众筹一本书”百万大奖征文活动中，经过专

家评委的综合评审,高平的《永不放弃》被评为唯一的特等奖,奖品是欧美双人十日游。她带着女儿游历了欧洲五国,并写出了一些很有品位的游记。

高平的"功夫"结出如此丰硕的成果,还只是一个开端。相信她未来的写作成果会更加丰富,她还会有更多更好的著作问世。

我在高平目前这个年龄的时候,还没有一本书出版;现在,已有近50本著作问世。开始的时候,休说出书,就是有一篇文章发表都认为是高不可及的事情。也就是在持续不断的写作中,从开始的困难甚至是痛苦,发展到养成习惯,以至于到现在的只要一写作就感到心情愉悦。可这种功夫,绝对不是一天两天,一月两月,也不是一年两年能拥有的。四十多年来,我从来没有停止过写作,从开始写得少,写得不好,到现在写得多,写得比较好,走过了一条十分漫长的道路。可没有这条长路,就不可能形成现在的写作功夫。

写作,其实是生命发展的精神收藏史。昨天的你,不是今天的你,因为你发展了,或者倒退了。可是,如果不用文字将它记载下来,也许它就会永远走向沉寂。当你将这些情景或思想诉诸文字的时候,则变成了永恒。它不但成为自己终生的精神回响,有的还可以流传于世,成为更多读者阅读的精神文本。

生命有限,可是如果有了具有生命力的文字的记载,则让生命有了无限的意义。所以,我们不能放弃写作,而是要让写作支撑起我们的精神大厦,并照亮我们的生命前程。

(五)生命磨难

司马迁在《报任安书》中有这样一段话:"文王拘而演《周易》;仲尼厄而

作《春秋》；屈原放逐，乃赋《离骚》；左丘失明，厥有《国语》；孙子膑脚，《兵法》修列；不韦迁蜀，世传《吕览》；韩非囚秦，《说难》《孤愤》。《诗》三百篇，大抵贤圣发愤之所为作也。”大体意思是，文王被拘禁在羑里时推演了《周易》；孔子在困穷的境遇中编写了《春秋》；屈原被流放后创作了《离骚》；左丘明失明后写出了《国语》；孙膑被砍去了膝盖骨，编著了《兵法》；吕不韦被贬放到蜀地，有《吕氏春秋》流传世上；韩非被囚禁在秦国，写下了《说难》《孤愤》；《诗经》三百篇，也大多是圣贤们为抒发郁愤而写出来的。

其实，司马迁也是经历了常人难以想象的苦难，才完成了被鲁迅称为“史家之绝唱，无韵之《离骚》”的《史记》的。

大家知道，司马迁因替李陵辩护得罪了汉武帝而受了腐刑，被关进监狱。这对司马迁来说，绝对是一个奇耻大辱，他几乎想自杀。但因为当时他正在用全部精力写《史记》，只好忍辱负重，坚持写了下去。最终，他把从传说中的黄帝时代开始，一直到汉武帝为止的三千多年的历史，编写成一百三十篇、五十二万字的巨著——《史记》。

这一笔由生命磨难积累起来的精神财富，是从书本上学不来的，没有这个磨难，就很难成世界大师。因为一个人的经历会成为他生命的一部分，也会成为其写作的生命和源泉。

陀思妥耶夫斯基当是一个有力的例证。他因参加革命活动被沙皇政府逮捕并流放西伯利亚。十年苦役，所受的磨难之多之大，是常人难以想象的。也正因如此，他才有了《穷人》《被侮辱和被损害的》《罪与罚》《白痴》《群魔》《卡拉马佐夫兄弟》等作品的横空出世及其后来的巨大影响。

俄国伟大的批判现实主义作家、文学家、思想家列夫·托尔斯泰从报上看到陀思妥耶夫斯基去世的消息后，感慨不已地说：我的一根支柱倒下了。

我昏昏沉沉的,后来才开始明白过来,他对我是多么的宝贵啊！我哭了一场,现在也在流着眼泪。

能让列夫·托尔斯泰如此悲痛者可谓“几希矣”。因为他对人类肉体与精神痛苦的震撼人心的描写是其他作家难以企及的,有着超越世俗的巨大力量。鲁迅先生这样评价他:陀思妥耶夫斯基是人类灵魂的伟大审问者,“他把小说中的男男女女,放在万难忍受的境遇里,来试炼他们,不但剥去了表面的洁白,拷问出藏在底下的罪恶,而且还拷问出藏在那罪恶之下的真正的洁白来。而且还不肯爽利的处死,竭力要放它们活得长久”。

不过,如果没有如此巨大的苦难经历,就不可能有这样一位伟大的作家。从这个意义上说,苦难也是一种巨大的精神财富。不过,在你遭遇苦难的时候,绝对不能死掉,尤其不能自我结束生命。只有在苦难的拷问下,依然顽强地生存下来的人,才能将这些苦难变成一笔巨大的精神财富。

所以,一个人遭遇到苦难时,不要灰心丧气,不要觉得世界一片阴暗,而是要勇于正视现实,并将生命的磨砺当作人生的宝贵财富。同时,要尽可能地超脱,从自己的经历中跳出来,站在一个比较高的视点上看这份经历,并将其作为自己成长的一次机遇。这样,你就会发现,这些在一般人看来几乎难以忍受的苦难,竟然成了一份多少经济财富也买不来的上天对生命的精神馈赠。有时想想,上天永远是公平的,让你经受巨大的磨难之后,往往还会送给你一份特殊的惊喜。

我当过十年的农民,被批判了好多年。一直到 1977 年高考的时候,还挂着“现行反革命”的牌子游街了 56 天。我高考时考了很高的分,比北大的录取分数线还高,但因为“政审”问题,非但北大与我无缘,就是一般的本科院校都没有录取我，最后还是在我的努力下才在补招中上了济宁师专。我非但没有抱怨，反而愉快地接受了这个现实，并由此开始了新的人生征程。

正因如此，我写作的时候，这些思想也不自觉地在文中流淌，作品之中，也就有了这一内在的能量。如果没有这段经历呢？如果一路顺利，上了北京大学或其他名牌大学呢？或许就不会有现在这种内在的力量，更不可能取得现在这些成绩。有时想想，写作真的是很奇妙，苦难经历原本就是它的同胞兄弟姐妹啊！

如果没有这些经历，就肯定不会有现在的陶继新。因此，我请老师们注意，不要把自己的生命磨难认为是社会、学校、家庭对你的不公。如果从另一个视角来考虑就变了，这就是一种神奇的生命规则。

（六）和谐天地

《周易》上有一句话说得很好："与天地相似，故不违。"所以，我们的日常起居一定要与天地和谐，与天地一致。白天是明亮的，就是要工作、学习或活动；晚上是黑暗的，就需要休息，深夜则须睡眠。可有的人习惯于晚上写作，觉得白天在单位琐事太多，即使没有什么大事，也很难静下心来写作。久而久之，晚上写作就形成了习惯。可身体有问题就需要肝解毒，"卧则血归于肝"，晚上 11 时左右是造血的时候，如果长期在 23：00 – 3：00 点这个时段不睡觉，身体就会出大的问题。现在老师们大都比较年轻，可能感觉不到身体的重要性，认为自己不可能得什么大病；可是，当大病一旦到来的时候，就会悔之晚矣。

君不见，有时会惊闻某作家英年早逝的消息，其原因自然非止一端，而长期夜间写作，以至于深夜甚至整夜不睡当是一个重要原因。

有的老师非常勤奋，也喜欢写作，由于平时工作太忙，只好晚上加班写作，时间长了，就出现了腰椎颈椎等方面的问题，甚至还有更严重的病。所以，我经常在做报告的时候劝告老师们，一定不要睡得太晚，最好早起早睡，并且形成习惯。这样，也许比夜间加班写作的时间少了，可是，由于身体健康，从一生考虑的话，总体写作的时间并不少，而且还会因为身体好而精神好、心情好，写作的质量更高一些。一位老师想着“立言”于世，当是值得称道的事；可如何才能在身体健康的情况下，更多更好地“立言”，则是一门值得研究的学问。

几十年来，我的写作都是在白天进行的。即使再紧要的文章，也绝对不在晚上写。在连续写作两三个小时后，我一定会休息或活动一会儿。绝大多数时间，上午或下午写作的时候，还要休息或活动一次，时间未必长，可有了这个环节，不管写作的质量，还是精神状态，都会非常好。一张一弛，不但是文武之道，也是天地之道。

天地无言，却有永在之“大德”。所以，我们的古人很有智慧，在很多方面，他们都力图与天地和谐一致。现代社会，人们的生活与工作节奏变快，晚上睡觉时间日趋减少，这是与天地规则相悖而行的。尽管现代医疗水平不断提高，可人们健康的状态在某些方面却一直呈下降趋势。为了更好地生活与工作，也为了更好地写作，就要与天地和谐，从而提高生命的质量。

与教师互动

问:陶老师,我们教师上课要备课。请问,您采访前也备课吗?

答:很多人问我这个问题。采访一位校长、局长、老师或学校、区域等,一般需要一到三天时间;写成一篇万字左右的文字,需要两三天时间。

采访之前,我很少“备课”,即不预先了解被采访对象的情况。不过,我自认为已经备了一辈子的课。持续不断地读书、听课、评课、采访、写作等,都是在备课。正是因为听过无数次各种各样的课,所以,对不同的课堂教学已经相当熟悉。从有名的大学校,到名不见经传的乡村小学校;从赫赫有名的名校长与名师,到默默无闻、有发展潜力迄今并不出名的校长与老师等,我都进行过大量采访,并写成了不同类型与内容的作品。三十多年,就一直这样“备课”。所以,现在不管到什么地方采访,采访什么对象,我都会在采访过程中,用电脑打字,记录下被采访者所说的90%以上的内容。采访刚一结束,我随即谈出要写的作品的思路。这常常让被采访者感到惊讶,问我打字的速度为什么这么快?为什么采访后马上就形成了写作的思路等?

其实,这一点也不难回答。看看叱咤风云的中国名师们,他们到一个从来没有去过的班级上课,而且也没有如人们常说的备学生;可是,只用一两分钟,便与学生开始演绎起教与学的精彩,让听众为之倾倒。究其原因,是因为他们备了一辈子课,上了一辈子课。尽管与这些学生初次相见,但他们所拥有的极其丰富的教学阅历与教育智慧,让其瞬间抵达随心所欲、水乳交融的高层次教学境界之中。

教学如此,采写亦然。只有每年每月甚至每天做好采写的功夫,才能让采访与写作进入游刃有余的境界。

不提前“备课”,还因为我不喜欢因外界的宣传或者被采访单位提供的材料,形成先入为主的印象,更看重实地考察带给我的第一感受,以及深入调研后产生的辩证思考。所以,我总会从大家司空见惯的教育现象中挖掘出教育的本质,发现教育的亮点或者误区。访谈的目的,不仅仅在于宣传,更起到了促进学校进一步提升、发展的作用,这是最让我欣慰的一点。

问:您是不是对采访、写作、讲课天生就感兴趣?这是天赋吗?

答:没有任何天赋,正如孔子所说:“吾少也贱。”我不聪明,甚至笨拙,“非生而知之者”,只是比一般人多了点勤奋而已。我现在研究“功夫教育学”,任何事都是功到自然成。不下功夫,事业是达不到本该达到的高度的。记得看过这样一个故事:1902年,27岁的诗人里尔克应聘去给62岁的画家、雕塑大师罗丹当助理,在初出茅庐的诗人的猜想中,名满天下的罗丹一定过着十分浪漫、疯狂、与众不同的生活。然而,他看到的真实景象与想象中的却大相径庭,罗丹竟是一个整天孤独地埋头于画室的老人。里尔克问他:“如何能够寻找到一个要素,足以表达自己的一切?”罗丹沉默片刻,然后极其严肃地说:“应当是工作,只有工作,还要有耐心。”是什么让某些人变得与众不同?我觉得罗丹说出了真正的秘密,那就是:工作和足够的耐心。

在中国经济学家中,张五常是天赋较高的一位。他在四十多岁的时候就差点得了诺贝尔经济学奖,同时他又是一个十分勤勉的人,早年为了写《佃农理论》,他把十几箱原始档案一一分拣完,这份工作大概是很多博士不屑去做的。到今天,他已经是一位年过80的老人了,可是每周还要写两篇1500字以上的专栏文章。

我49岁才背诵《论语》,66岁背《大学》《中庸》,现在正在背《黄帝内经》。我觉得把功夫积累到一定程度,才能发生质的变化,“教育功夫到家了”,采访写作就是很简单的事情了。

从参加工作到退休,这38年来我从没离开过课堂,没离开过教育,没离开过读书。后来与魏书生老师相遇,我与他合作写了三本书。第一次是在中央电视台《人口》栏目录播室,我们两个现场即兴对话了一整天;第二次是在山东工艺美院报告厅,现场即兴对话了两整天。这些对话录音整理编辑成了三本书:《种好心田》《享受学习——魏书生与陶继新的幸福教育》《做一个优秀的家长——魏书生与陶继新的教育智慧》,并正式出版,受到了比较好的评价。同时,我还与时任教育部语言文字应用管理司司长(现任教育部体育卫生与艺术教育司司长)王登峰在北京网易演播室进行过现场即兴对话,也是谈了一天的时间,后来整理成一本书《经典教育让生命有根》,由中华书局出版。这也是长期以来教育功夫积累的成果。

问:我记得您作报告的时候,曾说过一个观点:“要想写好文,就要先做好人。”请问为什么?

答:作为一个媒体人,要有一个基本的道德底线。我对自己所要采访的人,有着极其“挑剔”的眼光。比如有人(包括很有地位的或我的熟人)要求我去采访某个人的时候,我也要考察此人的品质,如果不好,就会或直接或间接地拒绝采访。采访的时候,原则上不用被采访者提供的现成材料,而是现场电脑打字采访,然后形成烙印着“陶氏”风格的语言与品质。即使有人请我为其书撰写序言,我也绝对不用他们提供的内容,而是自己一字一句认真写成。我的著作《品鉴教育文化盛宴——陶继新序跋屯集》凡94篇序言,篇篇姓“陶”。我认为，如果在别人提供的序言下面写上自己的名字，那将是奇耻大辱，无异于文化盗贼。

所以我一直认为，要想写好文，就要先做好人，此之谓“作文如做人也”。

问：目前有不少小学生写不好作文甚至害怕写作文，您认为原因在哪里？

答：写作教学上过“左”过“高”的要求，是学生写不好作文，以致害怕写作文的重要原因。而老师，无疑是始作俑者。老师都是从学生时代走过来的，对老师的这种写作指导也曾经深恶痛绝，可是，当了老师之后，却“好了伤疤忘了疼”，还是用老方法来进行作文指导。目前在写作教学上有一双看不见的魔掌，即写作要写得立意高，为此就不得不编造故事。小孩子具有一定的想象力，可以编造一些故事。可是，如果老师要求学生编造的故事，远离学生的生活实际，不属于他们的想象范围，那么，他们的想象力非但得不到有效的开发，反而受到了压抑。其实，小孩子写作文，就要让他写小孩子的话，说小孩子喜欢说的事。至于立意高不高，不要太过计较。要关注是不是文通字顺，写的故事有没有趣味，合不合小孩子的生活逻辑。同时，对于小学生，更多的不是写命题作文，而是要让他们写“放胆文”，写他们熟悉的生活、感兴趣的生活，写出来让他们高兴的生活。这样，他们就会喜欢上作文。

感情是写作中流动着的水，没有水的流动，写出来的作文就是死的，没有生命张力。小孩子感情比较丰富，面对万象纷纭的生活，他们会从自己的视角考虑问题，产生感情。写作教学，就要根据学生的这种实际情况，让他们“情动而辞发”。可是，有的老师偏偏不去触动学生感情的那根琴弦，而是为他们设定一种固化的感情模式，让他们照猫画虎。但小孩子是很难悟通老师这个“机关”的，即使略有所知，也不可能走进这个“圈套”里，如果真走进去了，就真的把孩子的写作天赋给扼杀了。我认为，孩子天生就有写作的天赋，他们刚会说话不久，就能说出一些他们认为有趣的话语。其实，那就是口头作文。即使是老农民，也会说得头头是道，这也是口头作文。如果用录音机录下来，稍做整理，就是一篇又一篇的文章。看来，小学生作文，并不困难。可是，现在有的作文教学，不让学生说自己要说的话、经常说的话，而是让他们说自己不会说的话、没有任何感情的话，所以，作文就没有了生命的活水。

另外，有的学生之所以害怕写作，除了不太会写作之外，还有一个写作安全问题。有的老师对学生写作要求定位太高，学生完不成任务，就要受到批评。这样，他们一听说写作，就有心理上的恐惧。即使有了生活，也大多写不好。一个心理上没有安全感的学生，什么样的作文都不可能写好的。为此，在写作指导的时候，老师首先要为学生创设一个安全写作场，让他们感到写作是自然而然的事情，即使写得慢，写得不好，老师也不会批评，而是会进一步地指导乃至鼓励。有了这种心理上的安全，即使当下写作水平不一定高，也会慢慢好起来，甚至爱上写作的。

问：有的老师让学生背诵甚至抄写学生范文，认为这样可以更好地提高学生的写作水平。不知有没有道理？

答：学生好的作文，不是不可以在班上作为范文来读，但是，绝对不能让学生背诵、抄写范文。不客气地说，学生的范文尽管有的写得比较好，可是很难成为经典。像骆宾王的《咏鹅》者，千年不遇。小孩子有很大的模仿性，也有很大的创造性,如果让他们去学习那些学生范文,无疑是取法乎下,得乎其下下。况且,现在一些老师提供的学生范文,有的是大有“水分”的,要么是家长代笔,要么是家长改写,要么是“立意”太高,脱离实际。其实,小孩子时期是记忆的黄金时代,如果有时间的话,就让他们背诵一些经典,尽管当下未必能理解其中的奥妙,可是,它会在孩子的心里埋下一颗经典文化的种子,为未来写好文章积淀下一笔有用的资源。

相对而言,学生自己写的范文,与同学们的生活距离比较近,就是语言也有其相通之处。不过,这里面一定要注意选好范文,把握不好,往往起不到相应的效果。选什么样的学生范文呢?首先,是学生自己写出来的,起码不能是他人捉刀代笔的,也不应当是经过大量修改的。它应当烙印着孩子的情趣、话语等,而不是成人化的、虚假的。遗憾的是,现在的有些范文,已经离开了作文的本然轨道。如果其他学生也“学而时习之”,就会造成很大的危害。其次,这里面也有一个作文评价的问题,既然作为范文,那么,在老师的心里,这样的作文一定是好的。好的作文,有其共同的特点,也有其不同之处,而老师的评价应当更关注个性化,同时,也要让学生明白其必须遵循的共同规则。

问:您在20世纪80年代就主编过几本写作方面的书,其中有不少篇幅谈到写“下水文”的问题。可否谈谈教师为什么要写“下水文”吗?

答:叶圣陶先生提倡教师写“下水文”,这既是他自己写作指导经验的理论总结,也具有普遍的推广价值与指导意义。教师文采斐然,写得一手好文章,便在学生中自然而然树起一个可资学习的榜样,学生会从心底敬仰自己的老师。教师教写作课时,学生认真听讲,便成了一种自觉自愿,感到心旷神怡，与教师的指导悄然达成心灵默契。他们决意向自己的尊师学习，也想写出文情兼美的佳作来。而老师在“下水”写作时，知道了写作的甘苦，经历了写作的过程，在作文批改时便可以有的放矢，切中肯綮。教师可以结合自己的“下水”之作与学生的各类作文，纵横比较着去谈。学生会从中取到真经，感受教师写作的情感历程与思路方法，这样，便完成了教师与学生的写作交流甚至心灵碰撞。这种指导，往往有立竿见影之效，并会给学生留下十分深刻的印象。

问：有的教师为学生作文写评语的时候，往往用一些千篇一律的空话套话，结果，虽然有了评语，效果却很小。请问，您写过作文评语吗？如果写过，又是如何写的？

答：当然写过，而且写得还不少。

1980～1983年，我在曲阜师范学校教《文选与写作》课，后来，又当了9年的《当代小学生》主编，于是，由此爱上了学生作文；还主编了两本中小学“下水”作文集，又主编与编著了几十本小学生与中学生的作文集。直到今天，一谈到学生作文，我就有一种很深的感情。可以说，对于学生作文，我是极感兴趣的，也写了几百则的评语。可是，我写的评语，不是那种千篇一律的评语，而是针对不同学生写的个性的小短文。我称之为“作文批评”，显然，这是受了“文学批评”的影响。其实，说是“作文批评”，是有点抬高自己，可是，它让我也有了新的思考。既然是“批评”，就不是一般意义上的批改，而是站在较高的视点上洞察学生的写作走向与个性特征，从而给予较高层次指导的一种作文批改。

正是基于这样一种思考，我认为，指导学生写作，首先要有很强的责任感。学生都希望自己的写作水平有一个较快的提高,这种要求似乎很高,其实当在情理之中。满足学生的这一要求,是为师者的一种责任与义务。有了这种责任感,便会为学生写作水平的进步之慢而感到不安,便会在强烈责任感的驱使下,想方设法去进行写作指导的尝试与改革。一方面,要用较多的时间研究学生作文,不会去写了无新意与毫无个性特征的评语,而是作为一种"批评",写出有针对性的文字。另一方面,教师还要倾听学生的意见,将"批评"视作一种双向交流的动态活动,真正了解学生的心声与写作进程中的困惑与愉悦。这种老师,会因学生写作水平的每一点提升而发自内心的高兴,会因其写作水平的进步之慢而寝食不安,他们在竭尽全力地完成写作教学任务,也在为学生一生爱写作、写美文而设计,甚至就如为自己的子女一生设计一样。正因如此,学生会被教师的真诚所打动,主动地与教师进行交流,主动地要求教师评价自己的作品,师生互动呈示出一种和谐的境界与美好的前景。

但每一写作个体又呈示出优劣不一、良莠不齐的写作态势,面对学生群体,教师若用共性的方式去做批评指导,便会差之毫厘谬之千里。所以,我主张指导教师建立学生的个性写作档案,针对每一个体采用不同的批评方式,使每一个体在不同方式的指导下,水平都有不同程度的提高。在曲阜师范教学的时候,我的同事彭兴奎为学生作文写的评语,是真真正正的作文批评。他在每一篇作文之后,都写了一篇很见水平的批评文章,怀着深情,高屋建瓴地指出每一写作个体各自不同的优长与症结所在,令学生有茅塞顿开之感,并自然升腾起对老师的敬仰之情与感激之意。以至于学生毕业之后,还经常把已做了教师后所写的"作文"寄送给他,让他再给写上一篇批评文章。彭老师说他在读《论语》时发现,孔子曾数十次谈到"仁",但每一次的说法都不尽相同，因为他面对了不同的学生、不同的场景、不同的事件。写作指导亦然：对写作水平较高的同学，要有高要求，其一般性的优点不再提及，而写其别出心裁与超越既往的最佳处；对于写作水平较低的同学，要披沙拣金，寻寻觅觅，见到一般甚至点滴优长也予以表扬，使其充满信心，看到前景；对于骄傲自满的同学，要及时批评，指出写作中的不足之处，使其感到不做认真努力便难以获取较大的进步，并在批评中渗透进真诚的人文关怀；对于怯懦胆小的同学，要在指导中张扬其优点，委婉地道出文中存在的问题，并在改变其性格上做韧性的指导，教其作文，也教其做人。

也许有人说，这要花费教师很多时间，他们已经十分累了，如此为之，会使其雪上加霜，更加辛苦。这是事实，教师也是人，生活也应丰富多彩。但是，如果将语文课讲得精一些、少一些，使意义不大的语文作业尤其是重复无用的练习远离学生，教师就可以在教学中腾出不少时间。节省出的时间用在作文批评上，便可以起到事半功倍的效果。况且，一旦教师适应了这种教学指导，学生适应了这种写作思路，教师的指导与学生的写作都升华为一种自觉主动与幸福愉悦时，教师便可以在不断地提高教学水平的同时，得心应手地写出批评文字；学生则可以在日渐提高写作水平的同时，有了不断问津高层境界的要求。教师甚至可以鼓励学生写作文批评，提高学生的写作鉴赏能力与批评水平，这反过来又会促进教师作文批评水平的提高。实践证明，学生那里蕴藏着巨大的潜能，充分相信他们，努力开掘其内蕴的创造力，会使写作指导发生翻天覆地的变化。

03

part

打点幸福人生

对于什么是幸福，不同的人有不同的诠释。我认为，所谓幸福，就是久存于生命个体心中的那份具有高尚情结的快乐……那么，我们怎样才能抵达这种幸福的境界呢？路径自然非止一端，我主要从人格高尚、心态积极和持续发展三个方面来谈。

一 人格高尚

不知道大家读过《爱因斯坦晚年文集》这本书没有？这位大科学家说：“无论是教堂还是大学——在它们行使其真正的功能的限度内——都是为了使人变得崇高。”他认为知识重要，科学重要，可是，其终极的目的，则是使人变得崇高。

德国大哲学家康德认为，人能够为自己的行为立法。人有超越生物性的精神性，它是人身上的神性，人要意识到自己身上有这个神性部分，并且按照它的要求来行动。真正幸福的人，不但将高贵安适于灵魂之中，还会在行为中体现出来。

看来，一个人的精神品格，之于人的整体生命而言，是何其重要！而对于教师来说，则更加重要。因为教师是培养人的人，教师人格的高下，将直接影响着学生的人格优劣。所以，古希腊伟大的哲学家柏拉图说出了这样的话：一个民族只有最优秀的公民才有资格当教师。

那么，怎样才能更好地升华自己的人格呢？

（一）孝敬

孔子的高足有若有言："孝弟也者，其为仁之本与？"为什么呢？因为"本立而道生"。这是很有道理的。要想人格高尚，首先应当孝敬父母，因为这是做人的根本。

大家都知道比尔·盖茨吧，人们一般谈起他来，大都只知道他是世界首富，是当今世界企业界大亨，其实他也有更丰富的侧面。有一次在接受采访时，记者问他，您认为世界上最不能等的事是什么？比尔·盖茨回答的却是一个"孝"字。大家不要认为他只是忙于企业大事，而忘记了自己的父母。其实并没有，他认为孝敬是最不能等的。由此看来，孝敬不但是中国传统文化的精华，也为世界有识之士所认可与践行。

1. 老人雪天一大早的"悲苦"

现在，不孝之事时有耳闻，不孝之人也时有所见。父母生他养他教他，一旦成人，有了能力，便忘了老人。我们家乡有一句民谣："小喜鹊，尾巴长，娶了媳妇忘了娘。"有了妻子儿女，忘了父母，甚至虐待父母者并不罕见。

听一位朋友谈过一件他亲眼所见的事情，很是感伤。他说，一次他回农村老家，正值寒风凛冽，大雪纷飞，可是，一大早，一位老人却早已站在了儿子门前。他问这位老人："这么冷的天，您站在这里干什么？"这一问不要紧，老人顷刻间泪流满面。原来，在吃早饭的时候，只要他不及时赶到，其儿媳就会收起碗筷，让他等到中午再吃。为了能够吃上早饭，他只好早早起来，立在门前等候。殊不知，为了儿子，他几乎耗尽了所有家产，为娶儿媳，盖了又新又大的房子,自己却住在不足十平方米的破旧小屋里。没想到,到头来竟然落了这样一个地步。

为此,我的这位朋友找这位老人的儿子谈了一次话,没想到这个不孝子一点儿也没为自己的行为忏悔,甚至还振振有词地说了一大堆道理。其实,这个做儿子的不明白一个看不见的规则:不孝敬父母的人,几乎无一例外地会遭到报应——在他们的晚年,他们的孩子可能都会和他当年对待自己的父母一样对待他们!尽管,他们对自己的孩子疼爱得不能再疼爱。对于这个问题,许多人百思不得其解。其实这是可以从心理学上找到答案的。他们的作为已经被孩子的潜意识所接受,而且已经形成了既定的大脑程序,到了一定的年龄自然会自动运行的。

作为老师,不但要做孝敬老人的楷模,还要教育学生,从小就好好孝敬父母。孔子说:"子生三年,然后免于父母之怀。"这三年,父母的付出何其多也!何止这三年,父母都是终其一生爱自己的儿女的。由此看来,孩子感恩并孝敬父母,当是天经地义之事。

2. 我们家"孝道"传承的幸福

有人对我说,陶老师你真有福气,两个女儿都是硕士生。我说,这个并不重要,最让我感到欣慰的是,她们都很有孝心。

我二女儿雪华在外地上大学的时候,还没有高铁。每次寒暑假回家,常常坐夜里的火车。至于哪一天回家,她从来不告诉我们,因为她担心我们为此而牵挂。有一次早上6点,我出门锻炼身体,恰好与她走了个对面。我说,华子回来啦!她高兴地说,回来了!我接着上山锻炼,她就回家去了。中午,她的同学李骏来家里看她,就问我:"您知道华子是几点回来的吗?"我说，早上6点。她说不是。我说，我出门锻炼的时候，她正好回来，怎么不是啊！于是我就问华子，她只是笑而不答。李骏说，她是昨天晚上回到济南的。我感到莫名其妙，还是李骏解开了这个谜。她说，华子说您有自己的生活规律，每天晚上11点以前睡觉，早晨6点起床。可是，华子昨天晚上12点多才到了济南火车站。那个时候，已经没有公交车了，如果自己打出租车回来，担心遇到坏人；如果让您去接她，又担心打破您的生活规律。左右为难，只好在火车站坐了一个晚上。

听李骏如此一说，我方才明白。可是，我并没有表扬华子，只是欣慰地笑笑，因为在我看来，她做了一件应该做的事情。

大女儿也是这样，特别孝敬父母，她对我的爱甚至超过了她对自己的关心。

有的人说了，你的女儿为什么这么孝顺呢？有没有进行过特殊的家庭教育？

我说，特殊的家教没有。那到底为什么呢？我说，身教胜于言传。

20世纪80年代末，我母亲在济宁住院一个月的时间，我不仅承担了她所有的医疗费，还请假在医院照料了一个月。换有尿有屎的垫布，洗脏衣物等，几乎全由我来做。本来，可以让我的妹妹来干这些活的，可是，母亲不放心，她信任我。我也为此感到自豪，做起来也既自然又愉快。

母亲去世前，父亲就得了脑血栓，后来陆续犯过六次，一次比一次严重。几次在济南住院治疗期间，绝大部分的医疗费都由我一个人承担。而他在农村的时候，我不但要给他钱，还每月给我二弟1500元，因为我二弟为父亲操劳最多，给他这点钱，也算尽自己的一点心意而已。我兄弟姊妹六人，至于其他人给不给父母钱，我是从来不过问的。一是我相信他们，有条件他们肯定会给甚至多给；可没有条件的时候，不给也是可以的。从父亲得病到其去世二十多年，我为他花了三十多万元。我不但不心疼这些钱，反而因能为老人尽了点力而心里感到宽慰了一些。当然，孝敬父母，不只在钱上。前面我说了，我的二弟为父母而做的操劳，远在我们五个兄弟姊妹之上。他做得那么认真，那么自然。我常想，他才是最高尚的人。

每年春节早饭后，我们兄弟姐妹六人，都会先后来到我的家里，跪在父母的遗像前，下跪叩头，为老人家祝福。

我们家在春节还有一个拜年的仪式，那就是大女儿带着她的女儿，二女儿带着她的儿子，要为我和夫人下跪拜年。有人说，这在大城市里已经过时了。可女儿认为，这是中国传统美德，通过这种古已有之的传统仪式，会在孩子的心里种下一颗孝敬老人的种子。

孝道有的时候需要讲，有的时候则不用讲，因为它就在家庭生活的琐事之中。耳濡目染之下就会定格在孩子的心里。所以，孩子也在日常生活中，将自己的孝心献给自己的父母。

讲到这里，大家知道了吧？孝敬这种美德与个体幸福的联系是多么密切！你孝敬了父母，你的孩子也会以你为榜样孝敬你。这种感觉，超越了物质上的奉养，直达你的心灵。于是，你也就自然而然地拥有了真正的幸福。

有人说，孩子是父母的名片。我认为，这主要还不在于孩子的成就大小，而更在于孩子的品格如何。如果孩子继承了父母的优秀品德，这张“名片”就有了特别的色彩与意义。

3. 陈晓华的“感悟亲情”班会

陈晓华老师

在采访深圳育才中学特级教师陈晓华的时候，笔者曾被他深深感动。他召开的一次“感悟亲情”主题班会，就对学生进行了很好的孝敬父母的教育。

当下学生对亲情的冷漠，已经成为教育的一大缺失。但人们对这个问题大都估计不足，就是对学生相当了解的陈晓华，也在这次主题班会上，对学生的亲情之淡感到震惊。

他刚刚把“感悟亲情”这个话题写出来的时候，教室里就一片唏嘘之声。但是，陈老师还是要求学生不得以任何理由放弃自己的发言。他相信，会有学生体会过这种世间美好的感情的。

于是，大家争先恐后地发表自己的看法，但主要的观点与陈老师想的背道而驰。甚至有的学生认为，亲情是强加在人身上的感情，这就决定了它是一种极不公平的感情。它随着孩子“哇”的一声啼哭，随着生命的降临，就强加在毫不认识的人身上，迫使他们生活在一起，迫使他们互相接受。而且亲情是不公平的感情，一方给予另一方肉体，这一事实决定了有一方必然处于强势地位，而另一方则处于劣势地位。这种先天性的不公平在中国最明显的表现形式便是封建家长制。由于亲情的强制和不公平，使它成为上一代束缚下一代的锁链。即使在今天，打着亲情旗号的家长制仍然在中国大行其道，体罚、责骂等有违现代文明的野蛮行为在中国某些家庭内仍然司空见惯，“棍棒之下出孝子”的观念在中国仍然大有市场。还有的同学说，亲情从一开始便是从物质血缘关系开始的。其中一方在很长的时间内无条件供养另一方的生活，导致另一方一直处于“负债”的生存状态，虽然一般父母都说不图什么回报，但无论从法律的角度还是道德的角度，下一代都必须供养上一代以“还债”。这种利益的亏欠像一条锁链将上一代和下一代紧紧连在一起，一旦有人想挣脱，就会被社会所不齿。这就使得亲情成为无法解脱的一条不归路。

同学们争相发言，对亲情口诛笔伐的声浪几乎一浪高过一浪，甚至有了一定的“理论”探索。陈晓华微笑着的脸开始收缩变得庄重起来。但是，他有一个强烈的意识，那就是必须在四面楚歌中突围，而且一定要胜利。于是，他开始陈述自己的观点：“同学们关于亲情的某些看法，反映了我们深圳特区学生思想的开放。但是，有不少观点，我不仅不敢苟同，反而是感到痛心。”

说到这里，他停顿了一下，学生也特别专注地盯着他那张近乎变形了的脸。

陈晓华继续他的叙说。他先谈了自己对女儿的关心，即使自己累困交加的时候，为了女儿，他也总要满足她“折腾”自己的要求。这就是一个父亲对女儿的亲情！

陈晓华又谈起了自己小时候的一段亲身经历。当时为了玩陀螺，他决心自制一个最大的陀螺。可是，就在制作即将完工的时候，锋利的刀刃无情地割在了他的手指上，白色的骨头露了出来，随后又被鲜血所模糊。他认为闯了大祸，一定会挨骂的。他想隐藏真相，可还是被心细的母亲发现了。母亲非但没有骂他，反而心疼得流出眼泪来，马上给他上药包扎，然后让他在家好好休息。

1994 年，陈晓华乔迁新居请父母来住一段时间。没几天，他发现母亲吃饭的时候，端碗的手极不稳定。陈晓华很快发现，原来母亲的一个手指用医用胶布缠了好几层，指尖隐隐约约渗出点点血迹，便问父亲究竟是怎么回事。“嘿嘿，她前天砍猪脚不小心……”“你怎么也不说一声！”陈晓华生气地埋怨。“她不让我说，应该没事吧。”陈晓华赶快倒了一杯温开水，强行把母亲的手放在里面浸润，然后慢慢地、轻轻地撕下缠着的胶布，一层一层、一点一点地撕。当血肉模糊的手指露出来，又看到指甲削去了一半，红嫩的肉露了出来的时候，陈晓华的心有一种要碎了的感觉。母亲啊，这是为了什么呢？是怕儿女担心吗？陈晓华的女儿趴在奶奶的身边，直看得眼泪汪汪，禁不住哭了起来。

说到这里，陈晓华的泪水已经情不自禁地流了出来，有的学生也开始抽泣。

随后，陈晓华又谈起父亲的去世：“2000 年 12 月 3 日下午，父亲有点不舒服，我姐说去医院看看，他不同意，说是小毛病，睡一晚就好了。没想到，4 日凌晨 2 点多钟，他突然感到不适，呼吸急促，说话也十分困难。匆忙送往医院，当晚 11 时，就永远离开了人世。母亲说，他本应当没有事的，可是，他担心半夜三更，又是大冷天，会吵醒姐姐和姐夫。就在生命走到尽头的时候，他想的仍是子女，而不是自己。这种亲情，用崇高都难以比拟它。”

说到这里，陈晓华已经无语凝噎了，有不少学生也已经抽泣起来。整个教室里，像是凝固了一样。

过了一会儿,陈晓华又给同学们讲了另一个故事——

在一个阳光明媚的星期天,聪明的男孩汤姆给妈妈写了一张账单:“汤姆给妈妈到超级市场买食品,妈妈应付5美元;汤姆自己起床叠被子,妈妈应付2美元;汤姆擦地板,妈妈应付3美元;汤姆是一个听话的好孩子,妈妈应付10美元;合计:20美元。”汤姆写完后,把纸条压在餐桌上,便上床睡觉去了。忙得满头大汗的妈妈看到了这张纸条后,只是宽容地笑了笑,随即在上面添了几行字,放回了汤姆的枕边。醒来的汤姆,看到了这样的一张账单:“妈妈含辛茹苦地抚养汤姆,汤姆应付0美元;妈妈教汤姆走路、说话,汤姆应付0美元;妈妈以后还将继续为汤姆奉献,汤姆应付0美元;妈妈拥有一个天使般可爱的小男孩,汤姆应付0美元;合计:0美元。”

陈晓华说:“父母对子女的付出,孩子一生能还清吗?同学们,你想到过回报自己的父母吗?你想到过这份亲情的真正价值吗?你们的老师自认为是一个有感情的人,自认为是一个有孝心的人,可在父亲最需要我的时候,我在哪里?我在干什么?同学们,趁现在还来得及,对你们的父母说一声谢谢吧!”

这个时候,教室里已经有很多学生趴在桌子上哭了起来。

陈晓华没有再讲其他大道理,他相信学生已经懂得了亲情是多么重要,应当会珍惜这份一生中最为珍贵的感情了。

晚上打开邮箱,陈晓华收到很多学生的邮件,几乎都是谈这次主题班会感受的,也几乎都有自责、自省,特别是都有了亲情意识,都有了对父母的爱。一位网名为格桑的同学在信中说:“那一刻,我们明白了您的良苦用心。我不知道这会不会是我学生时代中印象最深的一次班会,但我永远不会忘记您的泪水,因为它已经流进了我们的心里。正是您的眼泪,让这个寒冷的冬天挂着几缕温暖的阳光。也正是您的眼泪,让我们仿佛在一夜之间长大了。陈老师,谢谢您！这也是我们全班同学的心里话!”

陈晓华向笔者叙说这些事的时候,还是泪流满面。笔者也是陪着他一起流泪,一起感受他那场真实而又生动的亲情教育班会。

我们往往抱怨学生不懂亲情,不懂孝敬父母,但是,我们很少从自身考虑,作为教师和父母,我们在为孩子付出的时候,又进行了多少亲情的教育？对此大而化之的空谈、听之任之的态度,恰恰决定了当代青少年亲情的淡失。从陈晓华的亲情班会中我们感受到,孩子们不是没有亲情意识,只是这种意识被我们长期掩盖且压抑了,于是处于沉睡状态,久而久之,它就会死亡。而唤醒孩子沉睡了的亲情意识,恰恰是老师与家长的一个历史使命。

(二)宽容

宇宙浩渺无涯,人之生存其间,特别是与人相识相处,是一种天地机缘。因此,必须珍惜。不能宽人宽物,个体的内在和谐就会受到威胁。

1. 对关押自己的人致敬

曼德拉是我最敬仰的人之一,如果说他的斗争精神令人敬佩不已的话,那么,他的宽容品质则让人高山仰止。

南非的民族斗士曼德拉，因为领导反对白人种族隔离政策而入狱，白人统治者把他关在荒凉的大西洋小岛罗本岛上27年。罗本岛位于开普敦西北方向7英里处的桌湾。岛上布满岩石，到处都是海豹和蛇及其它动物。曼德拉被关在总集中营的一个“锌皮房”里。他每天早晨排队到采石场，然后被解开脚镣，下到一个很大的石灰石田地，用尖镐和铁锹挖掘石灰石，有时从冰冷的海水里捞取海带。因为曼德拉是要犯，专门看押他的看守就有三人。

当1994年曼德拉出狱当选为总统以后，他在总统就职典礼上的举动震惊了世界。总统就职仪式开始了，曼德拉起身致辞欢迎来宾。在介绍了来自世界各国的政要后，他说令他最高兴的是当初看守他的3名前狱方人员也能到场。他邀请他们站起身，以便他能介绍给大家。曼德拉博大的胸襟和宽宏的精神，让南非那些残酷虐待了他27年的白人汗颜，也让所有到场的人肃然起敬。看着年迈的曼德拉缓缓站起身来，恭敬地向3个曾关押他的看守致敬，在场所有的来宾以至整个世界都静了下来。

曼德拉后来向朋友们解释说，自己年轻时性子很急，脾气暴躁，正是在狱中学会了控制情绪才活了下来。牢狱岁月给了他时间与激励，使他学会了如何处理自己遭遇苦难的痛苦。他说，感恩与宽容经常是源自痛苦与磨难的，必须以极大的毅力来训练。曼德拉说起获释出狱当天的心情：“当我走出囚室、迈过通往自由的监狱大门时，我已经清楚，自己若不能把悲痛与怨恨留在身后，那么我其实仍在狱中。”

曼德拉说得太好了！有的人对整治过自己的人还以致命一击的时候，其实，他自己也被击倒了。因为在还击的时候，他不但用尽了力气，而且也消耗了心气，甚至有可能将其原本尚有的可贵品质也磨损殆尽了。

2. 对冲撞自己的人谅解

这里，我给大家讲一个英国大文豪萧伯纳的故事，也许可以消解一些好斗之士的盛气。有一天，英国著名的文学家萧伯纳在街上行走，被一个骑自行车的冒失鬼撞倒在地，幸好没有受伤，只是虚惊了一场。骑车的人急忙扶起他，连连道歉。可是萧伯纳惋惜地说：“你的运气不佳，先生，你如果把我撞死了，你就可以名扬四海了。”想想也是，萧伯纳是一个世界名人，你如果把这个世界名人撞死了，那这个人不也就成了世界名人了吗？我想，如果不是萧伯纳，而是一个火气正旺的小伙子，也许会是一场臭骂甚至拳脚相加。大师就是大师，他这么一幽默、一宽容，紧张的气氛一下子缓解了。

而与此相反的人生态度会如何呢？有这样一件令人惋惜和痛心的事情：一个文学系性格内向的大学男生，来自偏远山区。在一次骑自行车上街时，随地吐了口痰，可是不巧，这口痰随风吹到旁边一位美丽女子的脸上。于是，这位美丽女子不依不饶，当着男学生同学的面如泼妇一样大骂不止，随后还报警把男学生带到派出所调解。一直到晚上，男学生才疲惫地回到校园，他一直走到六楼顶上，竟然跳楼身亡。一口痰一条人命，其间经历的是那份不宽容和狭小的心胸。

宽容大度，就应当如茫茫大海一样，为什么呢？你看，大海正是因为能以博大的胸怀纳百川而不嫌弃细流，容污浊且能净化为碧水，才有滚滚长江、浊浊黄河、涓涓细流，不惜百折千回，争先恐后，投奔而来，汇成碧波浩渺、万世不竭、无与伦比的壮观！在大海里，江河已无暇叙说流经途中的苦辣酸甜，洋洋洒洒投入大海的怀抱，共同演奏蔚蓝色的交响曲。

3. 对批判自己的人感恩

大家认为我是一个一帆风顺者吗？不是的。我的一生有着常人没有的磨难与困苦，曾受过批判，遭到过不止一次的诬陷。但是，我没有因此而垮下，反而越来越阳光，越来越幸福。

1977 年是一个特别值得纪念的年份，“文化大革命”之后，第一次恢复高考。作为老三届的高中毕业生，我也喜迎这一次机遇的光临。可是，就在高考之前，我却被揪到公社，被批判了整整 56 天，天天挂着牌子游街。每天被批斗还要挂牌子游行的只有四个人，我一家就占了两个，除我之外，还有我的父亲。

处于这种境况中的人，大多特别担惊受怕。与我一起被关在一个屋里的几十个人中，有一个并不是被批斗的重点对象，不需要跟着我们挂着牌子游行，只是偶尔被叫去审问一下而已。可是，他天天吓得面如土色，饭吃不下，觉睡不好。几十天时间，就瘦了十五六斤。我曾经不止一次地劝过他，让他放心，没有什么大不了的事情，可是都无济于事。后来，没有几年，他得了癌症，最后不治而逝。

当年我 29 岁，因是重点批判对象，即使上厕所，也有两个看管人员“保驾”。但是，我并没有恐慌，吃得香，睡得也香。想不到吧，我早饭吃五个大馒头，中午还是五个，晚上还是五个，一天三斤饭。结果，56 天之后，吃得白白胖胖，竟比来“学习班”前重了将近十斤！为什么会这样呢？当时我想，凡事有坏就有好，有黑就有白。说不定这一次对我也是一次生命的转机呢！就是在那个“学习班”上，我从容地回答公社领导的“审问”，不卑不亢地与那些批判我的人交流。结果，原先那些认为我是“反革命”的公社领导，逐渐地转变了对我的看法。就是专门负责看管我的两个人员,也成了我的朋友,甚至成了我真正意义上的“保镖”。如果不是这次“学习班”,我就不可能参加1978年的高考,即使考上也走不了。因为,我过不了公社“政审”这一关。

后来,我终于走出了那个批判我的村庄,又当了曲阜师范学校的老师,再后来,我又成了山东教育社的编辑,直至担任山东教育社的总编辑。可是,对于批判过我的人,我一点儿也不憎恨。那是一个特殊的时代,造就了特殊的人和事。更何况那些年的艰难,还塑造了我处乱不惊、宽以待人的性格呢。现在想起那段经历,我甚至会产生“感恩”的思想:如果不是那些人那么用劲地整我,就不会有今天的我;没有那些受批判的岁月,就不会有我今天始终如一的奋斗精神。

4. 对嫉妒自己的人宽恕

中国人的劣根性之一就是嫉妒,嫉妒发展到极点甚至会采取诬告等手段,以达到置人于死地的目的。且不说这种人品质如何,就其心理来说,也是极其阴暗的。但是,作为被诬告者,则要有一个相当平和的心态。也许有的人会说,陶老师,你为什么不拿起法律武器?是不是有点欺软怕硬?不是的。大凡认识我的恶人,都有点怕我。我非但不是欺软怕硬的人,甚至还敢于护软碰硬。我所直面相碰的,不是特别强硬者就是不讲理的领导。我之所以对诬告我的人还一意“姑息”,是觉得没必要大动肝火,更不必以牙还牙。不然,将会两败俱伤。再说,人家为什么诬告你而不诬告别人,那是因为你太优秀了,你的成功、你的进步让他嫉妒、生气了。你应当为此感到自豪。诬告者之所以诬告,是心理不平衡了,不平衡就会生病,如果让他诬告一下,心理平衡些的话,我也算是做了一件好事。另外,有的人之所以诬告你，认为有必要整你一下，原因可能是你造成的，因为诬告者认为你在某一点上触犯了他的利益。我之所以被诬告，在某种程度上两者兼而有之。不过，由于自己从来没有做过对不起别人的事情，所以对诬告自己的人，我也从不进行反击。我不止一次地受到嫉妒的伤害，但是，我从来没有报复过，我一一宽容了嫉妒我的人。因为我总是想，宇宙这么大，休说同事，就算跟一个陌生人有一面之缘，也是多么巧合啊！上苍给我们一次相遇共处的机会，我们就应该珍惜它。

（三）为善

在东北的大雪原上，有一种叫雪貂的动物，有着美丽而异常珍贵的皮毛，本性非常善良。由于它非常敏捷，猎人是很难把它打死或者捕捉到它们的。可是，当有人在雪原上因迷路而被冻僵的时候，雪貂就会走过去，趴在人的胸口上，用自己的体温把冻僵的人温暖过来，并引导他找到出去的道路。

于是，有的猎人就利用它们的这个特点，到雪貂经常出没的地方，躺下伪装成被冻僵的样子，等雪貂过来趴在他胸口上给他温暖的时候，出其不意地把它抓住，然后扒它的皮，吃它的肉……

当看到这个消息的时候，我真的很震惊。我们人类经常骂恶人为“畜生”，岂知畜生也没有这样残忍而恩将仇报的行为啊！

我常想，人究竟出了什么问题？为什么善良离我们越来越远？可是，善良又是人之为人最需要的品质。美国作家亨利·詹姆斯说：人生有三件东西：第一是善良，第二是善良，第三还是善良。巴金将此作为教育子女的座右铭。可见,非善良者无以成为人格高尚者。

1. 莫言诺奖演讲的故事

2012 年 12 月 8 日,诺贝尔文学奖获得者、中国作家莫言在瑞典学院发表了主题为"讲故事的人"的文学演讲。他与其母亲的三个小故事,读来让人感动之余,又让人不由地产生了绵绵的思索——

我记忆中最痛苦的一件事,就是跟随着母亲去集体的地里捡麦穗,看守麦田的人来了,捡麦穗的人纷纷逃跑,我母亲是小脚,跑不快,被捉住,那个身材高大的看守人扇了她一个耳光。她摇晃着身体跌倒在地。看守人没收了我们捡到的麦穗,吹着口哨扬长而去。我母亲嘴角流血,坐在地上,脸上那种绝望的神情让我终生难忘。多年之后,当那个看守麦田的人成为一个白发苍苍的老人,在集市上与我相逢时,我冲上去想找他报仇,母亲拉住了我,平静地对我说:"儿子,那个打我的人,与这个老人,并不是一个人。"我记得最深刻的一件事是一个中秋节的中午,我们家难得地包了一顿饺子,每人只有一碗。正当我们吃饺子时,一个乞讨的老人,来到了我们家门口。我端起半碗红薯干打发他,他却愤愤不平地说:"我是一个老人,你们吃饺子,却让我吃红薯干,你们的心是怎么长的?"我气急败坏地说:"我们一年也吃不了几次饺子,一人一小碗,连半饱都吃不了!给你红薯干就不错了,你要就要,不要就滚!"母亲训斥了我,然后端起她那半碗饺子,倒进老人碗里。我最后悔的一件事,就是跟着母亲去卖白菜,有意无意地多算了一位买白菜的老人一毛钱。算完钱我就去了学校。当我放学回家时,看到很少流泪的母亲泪流满面。母亲并没有骂我，只是轻轻地说：“儿子，你让娘丢了脸。”

那么，这三个小故事给我们什么启示呢？我想，它让我们感到，莫言的母亲太善良了！仅仅是其母亲善良吗？不是的。其母亲的善良，在平时的生活中，已经“随风潜入夜，润物细无声”地传递给了莫言。莫言的善良，不只在言行中，也自然而然地投注到了他的小说创作中。于是，他的小说中，就有了善的生命张力。而真正动人心扉的文学作品，恰恰是宏扬真善美的。从这个意义上说，他的母亲，成了其生命中最重要的人。她不但塑造了他的人格，也成就了他的事业。

2. 艾森豪威尔善念救人

在第二次世界大战期间的一天，欧洲盟军最高军事统帅艾森豪威尔在法国的某地乘车返回总部，去参加紧急军事会议。那一天大雪纷飞，天气寒冷，汽车一路疾驰。在前不着村后不着店的途中，艾森豪威尔忽然看到一对法国老夫妇坐在路边，冻得瑟瑟发抖。他立即命令停车，让身旁的翻译官下车去询问。一位参谋急忙提醒说：“我们必须按时赶到总部开会，这种事情还是交给当地的警方处理吧。”其实连参谋自己也知道，这不过是一个托词而已。

艾森豪威尔坚持要下车去问，他说：“如果等到警方赶来，这对老夫妇可能早就被冻死了！”经询问，才知道这对老夫妇是去巴黎投奔儿子的，因为汽车在中途抛锚了，所以在茫茫大雪中冻得浑身颤抖，却没有任何解决的办法。

艾森豪威尔听后，二话没说，立即请他们上车。此时的欧洲盟军最高统帅没有想到自己的身份,也没有傲视被救援者的想法,只是出于人性中善良的本性。他先将老夫妇送到巴黎其儿子家里,然后才匆匆赶回总部。

真是人有善德,天有福报。行善之报竟然如影随形。艾森豪威尔发自本性纯真的善行,竟然躲过了仇敌致命的一劫。原来,就在艾森豪威尔那天返回总部的途中,德国纳粹的狙击兵早已预先埋伏在他们的必经之路上,希特勒那天断定盟军最高统帅艾森豪威尔死定了,因此更显得野心勃勃、眼空四海。

但万万没想到,艾森豪威尔的随机善行,却让他的如意算盘彻底落空了!事后他怀疑是情报来源不准确,真有些垂头丧气。可希特勒哪里知道,艾森豪威尔是因为救助那对处于危难之中的老夫妇,才临时改变了行车路线,躲过了这致命的一劫。

后来有历史学家评论道:艾森豪威尔的一个善念躲过了暗杀,否则第二次世界大战的历史及结局将会被改写。

行善和在普通银行里支出金钱不一样,在“善”的银行里,人越有善念,越有善良的行动,银行里“善”的资本反倒越雄厚。因此说善良是生命中用之不竭的黄金,帮助别人就是善待自己。

3. 全国十佳少年齐鲁行

萌发举办“全国十佳少年齐鲁行”活动的想法,始于我在《当代小学生》担任主编期间对第四届全国十佳少年报道之时的感动。这些小小年龄的孩子,以其高尚的品格,影响了千千万万的少年儿童,也感召着我的心灵。特别是黄思路在小学期间将1万元稿费全部捐献给失学儿童及慈善事业的举动,更加让我敬佩不已。于是,我想将他们的精神与思想,更快更直接地传播到更多的学生那里,甚至家长、教师那里,这当是我的一个神圣使命。于是,就有了1996

年正月初五至十五期间的一个“全国十佳少年齐鲁行”的活动。

搞这么大的一个活动,需要必要的资金支撑。这些十佳少年及其家人住在天南地北,仅往返路费就是一笔不小的开支。谁出这笔钱呢?这是我必须解决的问题。单位有钱吗?有。但是,单位出钱并不容易。同时,这样的活动还需要媒体的支持,媒体能出钱吗?也不可能。看来,要想举办这样的活动,就只能另想办法。于是,思考再三,我认为,如果能以山东教育社、齐鲁晚报和山东省教育电视台的名义举办的话,将会在全省发挥巨大的社会效应。为此,我撒了一个美丽的谎言——我对山东教育社领导说,这次活动将由齐鲁晚报出钱;对齐鲁晚报与山东教育电视台的领导说,由山东教育社出钱。如此好事,分文不花,新闻单位何乐而不为呢?于是,“全国十佳少年齐鲁行”活动几乎是“一拍即合”。正月初五,“全国十佳少年齐鲁行”的活动拉开了帷幕。黄思路与她妈妈,孙岩与他父母及其妹妹,孟娜和她妈妈,车亮和他表哥等人,以及山东教育社、齐鲁晚报和山东教育电视台有关领导和记者们参加了这次活动。不过,十佳少年及家长的飞机票、火车票等费用,当然只有由我悄悄承担了。

有人说,陶老师做了一件功德无量的事情,其实,看看黄思路一个十来岁的小孩子,我所做的这一点事情又何足挂齿呢?

但有一点我是受益的,我因做了这件善事,感到特别的快乐。为善有益健康,也助人长寿。孔子不是说过“仁者寿”吗?有人说,这跟长寿有什么关系呢?因为你做了善事之后,就会在心里形成一种优化情绪,从而构建起内在的和谐。这也许就是人们常说的善有善报吧。

那么,为恶会怎样呢?也如人们常说的——恶有恶报。有的说这是不是迷信?我说不是,因为凡是经常做坏事、不断为恶的人,在理智上他也许是毫不在乎的,即使是故意杀了人的人,他也许会认为这个人该死,找出种种理由为自己的行为寻找注脚以减轻自己的不安。而且,一旦经历了几次杀人以后,他们连开始的不安也没有了,觉得他就应该这样,对生命不再怜悯,以致麻木不仁了。但是,潜意识的力量是巨大的,而且是不容抗拒的。在理智状态下,他们尽可以麻木不仁,但在睡眠中以及清醒中的深层次意识,是没有办法做到不恐惧的。这种深层次的恐惧,会带来奇怪的疾病,会使人变得性格古怪,反复无常,会变得多疑而自卑……因此很可能会死于暴病或者意外。表面上看这是所谓的报应,其实是潜意识的作用。当然,他们也可能遭到仇家的报复而失去生命。所以,凡是大恶之人,即使侥幸逃脱了法律的制裁,也是不可能善终的——因为他们的心中,已经有了严重的不可救药的疾病。当然,也许有很个别的例子,某个罪大恶极的人竟然安度晚年然后无疾而终,但他们的后代也可能会受到不好的影响。

《周易》有言:“积善之家,必有余庆;积不善之家,必有余殃。”看来,为善不但是利人的,也是利已的;为恶不但是害人的,也是害已的。教师“得天下英才而教育之”,显然有了更多为善的机会。尽心尽力教育好学生,就是最大的为善,当然,也就有了更多的“余庆”。

(四)仁爱

孔子说“仁者爱人”;优秀的教师,便是仁者,他们不断地给予爱并成就着他们的学生。

多年来,我在全国采访了很多非常优秀的中小学教师,他们全身心地爱着学生,并用智慧让学生感受到了这种爱,从而实现了师生关系的高度和谐,让学生的生命得到了更好地成长。

1. 代学生家长写信的信金焕

2007 年,衡水中学信金焕老师带的 318 班的学生,与她结下了弥足珍贵的师生之谊。她对学生独具匠心之爱,谱写了一曲让人感动不已的爱的乐章。下面,仅举一例,让读者去感受一下信金焕老师智慧爱之美——

成人礼前夕,她提前请每位家长给孩子写了一封信,信统一寄到她那里,在特定的情境下作为一份礼物送给学生。

信金焕老师与学生

因为在成人礼之后还有一个班会,叫"迈好成人第一步"。在"迈好成人第一步"的这个班会上,有一个环节——班主任老师将每个家长的信逐一发给同学们。

可在成人仪式的前一晚上,信老师突然发现班里有 3 个学生没有家长的信。其中两个孩子的父母是农村的,可能他们不知道什么是成人礼,或者根本不知道成人礼对孩子有什么意义,或者可能连信都不会写。另外一个孩子的父亲长期在内蒙古经商,他对信老师说:"哎,老师,我把孩子交给你,我就放心了。"然后他什么也不管就去赚钱了。

可信老师想,在人生这样一个重要的时刻,在经历宣誓仪式的震撼和感动之后,这三个同学不能像其他同学一样拿到家长的这份特殊的礼物,他们会有怎样的感受?会给他们的心灵留下怎样的伤痛?怎么办?信老师苦思冥想。突然一个灵感出现了:代替家长给三位同学写信,弥补孩子人生中的这份缺憾。

做出这个决定时已是晚上10点多了。三封信,还要针对3个孩子的特点,要让他们感受到老师的关爱并能理解父母,她倍感责任的重大,一直写到凌晨2点。第二天,全班65位同学同时收到了父母的成人节礼物——一封封满载父母祝福和爱意的信。

信老师注意到那3位同学拿到信后都先是异常的惊讶,然后迫不及待地打开。刚看了几眼,其中一个女孩的眼泪就刷得流了下来。过后,她用一张精美的信签给信老师回了一封信,信中说:"信老师,您知道吗?您的信给了我太大的惊喜和感动,本来还在为不能和其他同学一样接受父母的祝福而难过,甚至对没有文化的爸爸妈妈产生了怨恨。但看了您的信后,我感觉到命运是公平的,我应该感谢我那虽然贫穷但倾尽所有供我上学的爸爸妈妈,是他们给了我奋斗的机会和奋斗的理由。"最后她写道:"信老师,我本想收获一缕春风,而您却给了我整个春天,我能喊您一声'妈妈'吗?"

2016年7月中旬,在福建省泉州市泉港区会议中心,泉港区教育局与教师进修学校举办泉港区中小学教师职业素质提升全员培训活动,我与信金焕老师应邀前去作报告。与她再次谈及这件事的时候,她依然十分激动。她说:"看到这个女孩子写的这封信的时候,突然感到头天晚上一直写到凌晨2点的那份辛苦是非常值得的。这个孩子很可能因为收不到父母的信,而对父母产生怨恨,那么当一颗怨恨的种子刚刚要扎根的时候,你轻轻地就把它拔掉了,并给她埋下了一颗感恩的种子,我觉得这不就是我们老师最有价值的地方吗?而我做的无非就是比较用心一点。试想,如果当时我就忽略过去了,没有就没有吧,他家长都不把这个当回事,有这么多孩子,老师哪能都顾得上啊?把这事完全推到家长身上,可能也就没有这个效果了。所以,我觉得通过替家长给学生写信这件事,我们每个老师都应去想一想,我们能做的事情有很多。我们都说教育是大事,其实教育就是在点点滴滴当中能够看见你对孩子的那份真爱。"

是的,这是一份真爱,"诚于中,形于外"。尽管是信老师的灵感突发而有了这个动人的场景,可是,所有的灵感都是有由来的,如果不是爱在心中,也就不可能有如此的灵感萌发出来。

2. 为沈琦偷拍照片的金蓓蕾

2012 年 4 月 24 日,在杭州韵和书院,我与时任拱宸桥小学校长的全国著名特级教师王崧舟进行了一场很有意义的现场对话,后来中华书局还将我们对话的内容正式出版了一本书:《语文的文化品格》。就是在这场对话中,王崧舟谈到拱宸桥小学金蓓蕾老师关爱她们班学生的一个动人故事——

三年前,拱宸桥小学五(4)班有个学生叫沈琦。这个孩子由于小时候用药不慎,聋了。孩子的父母是路边摆摊的,生活拮据,除了挣点钱给他装了个耳蜗,其他就基本管不了了。

五年级的时候,金蓓蕾老师开始担任这个班的班主任。她很快就发现了这个孩子的特殊情况:第一,成绩全班倒数第一;第二,玩悠悠球全班第一;第三,爱耍酷,没人理他;第四,爱劳动,没处使劲儿;第五,心地特别善

金蓓蕾老师

良,却总给人以坏坏的感觉。

金老师看在眼里,疼在心里。但是,接班一个多月,没看她对这个孩子的教育有什么动静。说没有动静其实也不对,因为她悄悄地做了一件事——拍照。给谁拍照?当然是给沈琦。拍什么?拍这个孩子在学校的表现。怎么拍?偷拍。一个多月下来,她偷拍了沈琦的100多张照片。

之后,金老师在自己的班里上了一堂特殊的作文课,题目就叫《我们家沈琦》。当那些偷拍的照片一一呈现在全班同学以及部分家长的眼前时,孩子们震撼了,家长们震撼了,连沈琦自己也被深深地震撼了!金老师当着全班同学和家长的面,朗读了自己写沈琦的作文。课堂安静极了,不知什么时候,有低低的哭声传来,大家循声看去,低头哭泣的正是沈琦本人。

那堂作文课,每个孩子都写了沈琦,连沈琦也写了沈琦。接着,这些写沈琦的作文被金老师印刷成册,在全班发行。

有一天,沈琦拿了装订成册的作文集《我们家沈琦》来校长室找王崧舟。王崧舟当着沈琦的面一页一页地看完这些作文,非常感动,他告诉沈琦,这是校长看过的最好的作文集。王崧舟说,校长送你四个字吧,随后就在作文集的扉页上写了“止于至善”!

很快,沈琦就成了学校的明星。他开始能安静地看书了,开始主动向老师提问了，开始有自己的朋友了，不是一个，而是一帮。当然，他玩悠悠球照样还是全班第一。

王崧舟认为，沈琦是不幸的，毕竟他是一个聋儿。但他又觉得，沈琦是幸运的，因为他在小学阶段遇到了金老师。这是一个非常善良的孩子，他遇到了一个非常善良的老师、非常有爱心的老师，当然也是非常智慧的老师。王崧舟说，教育在本质上是要普及爱和善良，让我们的孩子变得更好，并因此让未来的社会变得更好。其实，这就是王崧舟的价值观，而且，这一价值观也被越来越多的老师所认同、所践行。

3. 给学困生台阶下的黎志新

黎志新老师

学困生，有的时候是被学生甚至教师看不起的。可是，人们往往不去探究其学习不好的原因，更不会去找出解决问题的方案。其实，学困生并非一无是处，如果我们能去发现他们的闪光点，用智慧去爱他们，他们也许会给老师一个特殊的惊喜。广西百色高中黎志新老师曾写过一篇《特殊的打字员》的文章，其中就闪烁出她的仁爱之心与教育智慧——

鹏,我遇到他的时候是高三。当时他已有六年的网游史了。他十二岁的时候,父母在顺德开厂,他和爷爷奶奶在老家生活。父母的生意越来越红火,对他的关照却越来越少,父母就用物质来弥补内心的愧疚,家里的电脑配置越来越高,他网游的水平也越来越高。我当他班主任的时候,他十八岁,高三。第一天谈话,他滔滔不绝地说起他的光辉业绩,网络游戏的高等级给了他极大的成就感,眉宇间流露出来的快乐掩饰不住他兴奋的心情。但课堂上,他像被霜打过的茄子,无精打采地垂着头,顶不住困意的时候就趴在课桌上梦游周公。下课铃一响,他就兴奋了,常常去办公室找我,软磨硬泡地在我耳边唠叨,希望我帮他挂线,助他升级。每次,办公室的同事总会对他冷嘲热讽,有的说:"鹏啊,把你这股子热情用在学习上,准会天下无敌了。"有的说:"我看你啊,不在游戏中爆发,就在游戏中灭亡啊。"还有的说:"你干嘛还来学校啊,宅男、网游男,多安逸啊。"

但在他兴奋的言语背后,我感受到了他强烈的渴望。他对游戏的渴望之火不会被冷嘲热讽浇灭的。我决定给他一个台阶,慢慢转弯。

我:"你希望我帮你挂线?"

鹏:"老师,反正你的电脑闲着也是闲着。"

我:"歇菜吧你!什么叫'闲着也是闲着'啊,我有很多事要做啊。"

鹏:"老师,需要我的时候,我帮你做事,行吗?"

我:"你?就你,能做什么?"

鹏:"什么话啊,老师,瞧不起我啊。说吧。"

我:"我每天都要打《小故事,大道理》的素材啊!"

鹏:"老师啊,我打字如飞啊,这些事,包在我身上!"

我惊喜:“真的?!”

鹏一拍胸口:“君子一言,驷马难追啊!”

于是,每天晚饭过后,他都帮我打字,五则小故事,完成之后,我帮他挂线。我俩有了共同话语,常常就某个故事谈自己的看法,为此还会有不同意见的争论,青春期和中年期的不同看法在碰撞和交融。我对他的网络游戏也有了更深的理解,其实这里面有斗智的较量,有斗勇的执着,还有伙伴的协作。

后来,他除了帮我打《小故事,大道理》之外,还会帮我打同学们的优秀作文,帮我制作作文课件。

有一次,他在打一位同学的作文时,评价道:“这样的作文,我也能写啊。”我激他:“能写啊,但你不愿写啊。要不,你写一篇试试啊。”要知道,他常常不写作文呢。没想到,第二天,他真的就交了一篇同题作文来。面对他第一篇完整的作文,我毫不犹豫地打了50分,并且和他一起修改,作为范文在班上讲评。后来,他愿意写作文了,可喜的是,在他的作文里经常出现那些他打过字的小故事,也能从故事中体味到哲理。

这是意外的收获。

高三一年,他都是我的打字员。

高中毕业后,他在广州大学华软软件学院读书,听他父亲说,他为家里的厂子设计了一个管理软件,帮了父母的大忙呢。

黎志新老师认为,给学困生一个台阶,不但要有爱,也要有智慧。他们不需要别人对自己的不良嗜好做任何评判,因为道理他们都懂,尤其是高中生,他们已经有分辨是非的能力了。对他们而言,难的是“知道但做不到”,

给他台阶下，即先理解并接纳他的不良嗜好，再不动声色地在他做喜欢的事情时掺加进老师希望他做的事。

我与黎志新是地道的文友，虽然在很长时间内不打一个电话，却能从她的文字中，感受到那份对学生的挚爱之情。有的时候，这种爱像山涧流水一样，“道法自然”地流出，给人以别样的美感。有的时候，则需要特殊的智慧。因为只有爱，而不懂得让爱产生能量，有可能会产生副作用。即使面对一直深爱着自己的家长，孩子也未必能深切地感受到父母的爱。老师爱学生，犹如家长爱孩子。不但出乎真情，还要让这种情打动学生，进而产生一种生命的张力。相信学生，包括学困生、问题学生等，教师只要付出真爱，拥有耐心而富有智慧，他们就会从学困生变成学优生，从问题生变成优秀生。

4. 为晓鑫精选发饰的田冰冰

2017 年 10 月 29 日上午，在济南市举办的“首届全国小学名班主任人文素养高峰论坛”上，我第一次聆听全国十佳小学班主任田冰冰的《转变班主任传统思维方式的“破关五维”》，便被深深地震撼了。同年 11 月 10 日，在她任教的重庆市巴蜀小学参加“2017 小学质量评估改革与发展研讨会暨巴蜀峰会”时，再次与她相见并交流，对她的认识有了进一步加深。我感到，她有着深深的爱生情怀，而且这种爱，犹如爱自己的女儿一样，那么真诚与自然。同时，她又是那么富有智慧，她唤醒了具有自卑情结的学生沉睡已久的自信，使他们对未来充满了希望。

在这里，我很想与大家分享一下她所讲的“两个礼物盒，一段师生情”的故事。

田冰冰教三年级的时候，晓鑫(化名)插班来到了她班上。当天，几个调皮的学生对她的相貌就进行了嘲笑，这让她初到这个集体就产生了自卑心理。在相当长的一段时间里，她很少与同学说话，也极少与人交往。不管在什么场合，她都有意与这个班级相隔离。作为孩子们“御用摄影师”的田冰冰，在为孩子们拍美美的毕业照时，几乎所有人都争着往镜头里挤，可晓鑫总是有意往镜头外逃。

田冰冰老师

田冰冰看在眼里，想在心里，用什么办法能让晓鑫尽快自信地融入班集体呢？

六一儿童节前夕，恰逢周末，田冰冰在商场里为女儿准备六一礼物。女儿呢，也欢天喜地地挑选着送给同学的六一礼物。当田冰冰的目光落在那些精美的发饰的时候，她突然想到了晓鑫，平时里，晓鑫的头发略显凌乱，在前不久拍摄集体毕业照时，那种躲闪镜头的异样目光，让田冰冰不由自主地想到自己在拍初中毕业照时的情景，有点自卑又有些惶恐地躲闪着镜头。于是，田冰冰决定为晓鑫挑选精巧的发卡、带着闪亮水钻的头绳等发饰，并用一个漂亮的礼盒收纳起来，惹得身边的女儿既惊叹又羡慕。

第二天上午，田冰冰便早早拿着礼物站在学校大操场上等晓鑫。晓鑫看到田老师后，便加快脚步走来。田老师下意识地感到，她有些情绪，但没多问，而是微笑着说道：“晓鑫，你来啦！”在她小声应答后，田老师突然从身后拿出准备好的礼物盒：“瞧！”她惊讶不已，好一会儿才接过盒子。待她打开盒子，看到那些可爱又漂亮的发卡头绳时，惊喜一览无余地呈现在她的脸上。

田老师像妈妈一样非常温情地对她说：“这些小夹子是送给你的礼物。你用夹子把头发夹好，会特别漂亮的。”

田老师走后，似乎一切如常。

让田老师没想到的是，一天，翻开晓鑫的作文本，竟然写了满满的 4 页，多达 1600 来字，大大破了她此前写作的纪录。今将文中所讲述的事情简要概括如下——

原来，六一前夕，毕业班的孩子们都在想方设法为好朋友准备礼物，以备能珍藏终生。大家兴致勃勃地交换礼物，整个教室里惊讶声、欢呼声不绝于耳。而晓鑫却显得格格不入，她还是如往常一样，安静地坐在自己的位置上看书。然而，正当其心情沉入低谷的时候，迎来了来自田老师的一份独一无二而又让她惊喜万分的礼物。正是田老师的特殊礼物与深情祝福，让她重拾起自信，燃起了对未来的希望。

看到这里，田老师既惊讶又喜悦，她没有想到，这个并非特别准备的礼物盒，却给这个女孩带来如此的感动与自信。

六月的毕业季，到了学生与老师挥手说再见的时候，长期以来师生所凝结的情谊，一下子变成了惆怅与感伤。这一别，不知还要多长时间才能再见。没想到的是，很多学生陆陆续续地返校看望自己的老师，而晓鑫则是其中的第一批。

同是在学校大操场上，田老师依然在原地等她。不同的是，这一次，晓鑫满脸的笑容，洋溢着前所未有的自信。见到老师，她突然拿出藏在身后的礼物："冰冰老师，这是我送您的礼物，祝愿您和您的女儿永远美丽漂亮！"

打开礼物盒，一些精巧而又朴素的发卡、头绳安静地躺在里面，一如她一贯的风格。田老师的心头涌起一股热浪，久久难以平静。

在前来返校"探亲"的同学中，晓鑫的话语仍然不多，安静地坐在离田老师很近的地方。可是，当田老师给他们拍摄合影照的时候，晓鑫却突然举起V字手势，冲着镜头笑弯了眼。那份灿烂的笑容，也就定格在了同学们的合影里，当然，也定格在了晓鑫的心里。

今天谈起这两个礼物盒，田老师依然很动感情。她说，教育人其实就像种一颗种子，你不知道种子哪一天会开花结果。孩子们的心就是一颗颗本性纯真的种子，教师的每一个不经意的呵护与关心，都在加速这颗种子萌芽、成长，直到最后开花结果。

不过，我还想到另一个问题。那就是田老师在为晓鑫选取礼物盒的时候，并非早有"预谋"，而是突发奇想所为。可这看似未曾预设的行为，却早已深深地埋在了她的心里，只要一有契机，这个想法就会冲脱出来。因为在与田老师的接触中，我感到，她爱自己的女儿，也爱她的学生。如孟子所说的"幼吾幼以及人之幼"的理念，只要碰到某个时机，就会自动地变成仁爱的行动。

二 心态积极

构建和谐社会是大家都特别关注的一个话题,没有这种和谐,我们所追求的幸福就会出现问题。不过,和谐的内涵不只这些。对于个体来说,我们还要不断地优化自己的心灵,从而构建起一个内在生命的和谐系统。要想构建一个内在生命的和谐系统,就应当从以下几个方面努力。

(一)宠辱不惊

大家大都看过《道德经》,其中老子有一句话应当引起我们特别的关注:"何谓宠辱若惊?宠为上,辱为下。得之若惊,失之若惊,是谓宠辱若惊。"想想我们自己,往往是处于"得之若惊,失之若惊"的心理状态,在拥有了自己追求的东西之后,担心失掉它;如果真正地失掉的话,就会更加恐慌。这种担心与恐慌,就打乱了我们心中的平衡。失衡的结果,就是身体出现问题。其实,天地宇宙之所以长存,就是因为有一种高级的和谐。大家想想,大自然有风和日丽,也有狂风暴雨。如果每天都风和日丽,或每天都狂风暴雨的话,生命将不复存在。所以,这是大自然的一种常态。人之生命历程也如是,人的一生,会有成功、有顺境,会有得;同时,也会有失败、有逆境,会有失。这是所有人都很难打破的一个生命规律。所以,在你取得成功、环境很顺、不断有得的时候,千万不要忘乎所以,太过得意,而只将其当作整个生命历程中的一朵小花而已;在你遭遇失败、环境很差、不断有失的时候,切记不要垂头丧气,裹足不前,只是将其视为大自然中的一个特殊音符而已。这样,你就达到了宠辱不惊的境界。这个时候,你的心理是和谐的,身体也自然是健康的。

1. 平静面对业绩考核评定的安学

唐高宗时期,有个叫卢承庆的人,在朝廷担任考功员外郎的职务,负责对官吏的工作业绩进行考核评定。

有一次,他给一个负责从运河运送粮食的官员打评语,因为这个官员曾在运粮时发生过一次事故,粮船沉没了,损失了不少粮食,因此,卢承庆给他打了个"中下"的评分。卢承庆把评语拿给那个人看,那个人非常平静,一点抱怨的意思也没有。

卢承庆想了想,又觉得那次事故纯属意外,也不是这个官员的过错造成的,而且在当时的情况下,任何人都的确无能为力,这样给他评分貌似不太恰当。于是,卢承庆给他改为"中中"。

卢承庆又把改评的事告诉了这位官员,他原本认为这位官员会非常高兴,毕竟业绩评定是一件很重要的事情,关系到一个官吏的升迁和俸禄等切身利益啊!可是,出乎卢承庆意料的是,这位官员依然非常平静,丝毫也没有喜悦的表情。卢承庆见了,心中暗暗赞叹:"宠辱不惊,考中上。"得宠或受辱都能做到镇定自如，心胸真是宽阔，是个难得的人才！于是，卢承庆又把他的评分改为“中上”。

这个运粮官名叫安学。后来，安学不负所望，成为一位政绩卓著的地方官，名留青史。

这不由得让我想起了《论语》有言：“柳下惠为士师，三黜。人曰：‘子未可以去乎？’曰：‘直道而事人，焉往而不三黜？枉道而事人，何必去父母之邦？’”大体意思是说，柳下惠当典狱官，多次被罢免。有人说：“你不可以离开鲁国吗？”柳下惠说：“按正道辅佐君主，到哪里不会被多次罢官呢？如果不按正道辅佐君主，为什么一定要离开本国呢？”我想，运粮官安学直道而做事，做到了问心无愧，当然也就不在乎对其业绩评价的优劣了。

2. 为学生开设死亡课的莫里老人

实际上，死亡是一种最高的哲学，柏拉图说真正的哲学是练习死亡。而阅读美国的畅销书《相约星期二》，则让我们体味到了人之将死时的一种至高境界。书中的主人公叫莫里老人，他的学生来看他，大吃一惊，怎么也没有想到，自己的老师已经病入膏肓。这个学生问能帮老师什么忙？莫里老人说，你以前上学的时候不是星期二上我的课吗？你要真的想帮我的话，以后的每个星期二，还是按时来听我讲课。不过，这一次给你讲的课不同以前，是讲我怎么样一步一步走向死亡的。从此之后，这个学生就每个星期二都来听莫里老人上课。在莫里老人看来，人有生便有死。不同于一般人的是，他能够生也快乐，死也快乐。生属于生命的全部，死归之于生命的终结，两者之间有一种必然的链条在牵引。生可以闪烁智慧的绚丽色彩，死也可以将人生之大智碰撞出火花。生可以体验，死也可以体验，体验从生到死的过程，尤其是期间的心理过程，当是人生唯有的至高境界。而这，则成为莫里老人一笔伟大的精神财富。在临近死亡时，他看到了人生难以更改的自然法则，他真正做到了与生命讲和，顺从了这种自然法则，又给这一自然法则注入了自然与和谐，使死与生同样具有价值。莫里老人在这一过程中从容淡定，如行云流水、清风朗月。真是生也从容、死也坦然，拈花微笑、心如止水。

莫里老人的伟大还在于，他病重时对子女的心灵支撑。我们见过许多病危的老人，迫切地将远在异地的子女招至近前，以慰藉自己的绝望与悲哀，并让子女奉行孝道的义务。孩子来了，如老人般悲悲戚戚，竭尽侍奉，尽孝多日，然后眼睁睁地看着亲人死去，声嘶力竭地哭叫，以示悲哀与悼念。这没有什么错，几千年来即如是。但如果细细想想，其真正的意义又在何处呢？人之爱子，目的在于使子女生活得更加愉快。莫里老人似乎懂得了这个道理，他在死亡迫近之际，两个儿子仍在异地一如既往地工作。临死的那一刻，他以亲人不在的方式告别人世，升华了他对亲人的至爱与对死亡的从容。

渐渐读懂了莫里老人，我便也从烦躁走向适然，悟到生命历程是不可以逆转的。每一个生命个体都要从容地面对它，逐渐地适应它，从中取乐，从中感受到超越世俗的一种美。

3. 挨批判却认为占便宜的魏书生

2010 年 11 月 18 日，在中央电视台“人口栏目”摄制组，我与著名教育改革家魏书生进行了面对面的对话。几台摄像机同时摄像，录制了我们对话的全部内容。其中有一段魏书生的即兴谈话，相信大家读后一定会有收益的——

原来我是在教育战线工作，后来又到工厂干了两年，就成了工业战线先进典型。我跟领导说我不是想当先进，我努力工作的目的就是感动领导然后快点把我放了，到学校当一个普普通通的老师。领导说那再研究吧，又研究了一年，我就成了盘锦地区电机厂厂级领导接班人。工业局党委开会正式发文件，我接电机厂的班，当时电机厂是盘锦最好的制造业工厂，造电动机、变压器和电焊机。人们觉得求之不得的机遇，但我真的不愿意干，我说赶快把我放了吧，我不想当官，我就是想当一个普普通通的老师。再研究吧，又研究一段时间我就挨批判了，为什么呢？“批林批孔”运动来了。运动一来麻烦就来了，人家都不管孔夫子叫孔夫子了，我还跟人家辩论，我说孔夫子是伟大的教育家、思想家、哲学家。

于是全盘锦地委抓了两个典型，一个老右派，一个魏书生，开始批判。中共盘锦地委、地区工委及党委到我们厂成立专门针对我一个人的调查组，成员达十几个人之多，也浪费了不少人力，我的顶头上司把我写的文告、日记、材料50多万字（因为搞政工愿意写东西，包括工厂的规章制度计划总结，都是我写的）没收了，从50多万字中挑出了魏书生反动言论108条，非得说我有完整的反动思想体系，从内政到外交，从经济到文化（因为我愿意思考这些“乱七八糟”的问题），所以说一两条反动思想不够用。我最多的时候一天挨三段批判，党内批完党外批，小会批完大会批。

白天挨完批判，晚上说你回去吧，我照样在一个宽敞的地方打拳练武，原因是什么，小时候跟师傅学的武术，不愿意扔掉它，继续练。没想到让人家发现了，第二天批得更狠了：魏书生你不老实。我说我怎么不老实？挨批判你好像挺老实，晚上你干什么

魏书生老师

张牙舞爪的，你想变天呢？我说没想变天。没想变天你蹦蹦跳跳干什么，你怎么想的？我说我想的是公费医疗，我要窝囊病了，那不是浪费党和人民的医药费吗？我那么锻炼锻炼，给党和人民省钱不说，第二天挨批判我也好有劲。你这么想的，那你还练吧。很多人想不明白，我当年24岁，24岁的小反革命，头上顶着那么多帽子，白天挨完一天批判，晚上怎么还有精神头打拳练武？

我怎么想的？我就是这么想的。第一咱不想挨批判，第二已经挨上了，那也不是咱想不想的事，只能挨了。通过挨批判这个事能占点什么"便宜"呢？好像我从很小就有一个牢固的思想，任何一件事情都是有一失必有一得，有一利必有一弊。走出阴影肯定是阳光，手心翻过来必然是手背。我始终愿意这么想问题：第一我希望顺畅；第二当不顺畅的时候，我就想不顺畅能给我带来什么"财富"，我能占什么"便宜"。挨批判有什么"便宜"可占呢？至少有三项"便宜"：第一磨炼意志。你得挺住，你挺不住，上吊、跳河、吃药，人家得说畏罪自杀，死有余辜，大快

人心，你全搭里头去了。人家大快人心，你也洗不清这个。第二开阔胸怀。那会儿就不能辩论了，人家说什么都对了。所以宽宽地想开了，你说得对，我错，于是胸怀宽宽的，把人家累够呛，咱胸怀还开阔了。第三，加深点对人情冷暖、世态炎凉的感悟、品尝。人在倒霉的时候对人情冷暖品尝得格外深切，不信您倒霉试试，当然最好别倒霉。所以那段经历实际上使我失去的和获得的，好像没有什么区别。因为首先我始终觉得，我没错，当时批判的时候我说，十年以后可见今日之是非。人家说十年以后你还想翻案，慢慢等吧。其实没到十年，两年多"四人帮"就被逮捕了。被逮捕了，不挨批判了，人家说魏书生说的话都对，咱干嘛批人家。工业局石局长找我谈话，魏书生看来批你是批错了，这样吧，让你到轮胎厂当厂长去不去。我说我衷心感谢局党委能不批我了，我最大的愿望就是快点把我放了，离开咱们这个行当，到学校里当一个普普通通的老师。所以我始终用一种占"便宜"的心态对待人生的压力、工作、磨难、曲折和坎坷。

后来我与魏书生交往多了起来，并合著出版了三本书。当然，他的名气也越来越大。可是，不管在什么时候见到他，他都是那样的平和自然，一点儿名家的架子也没有。

我把与魏书生在中央电视台"人口栏目"摄制组的录像内容整理了之后，便出了一本《种好心田——魏书生与陶继新的幸福教育》，且在教育界产生了一定的影响。2012 年春节过后，我们在郑州讲课时，又萌生出再次现场对话的想法，时间便定在了当年的清明节期间，地点则定在了济南。4 月 3 日与 4 日两天的现场即兴对话，制作成录像。我们在这个录像的基础上整理成书,完成了《做一个优秀的家长》与《享受学习》两本著作,也已出版,并在社会上产生了比较大的反响。就在这次录像期间,有一件事情让我一直不能忘怀。

4 月4 日傍晚,我们顺利地完成了对话,并与我二女儿一起简单地吃过晚饭,走到宾馆门外散步。一会儿,魏老师对我说:“一号首长要来了!”所谓一号首长,是魏老师对其夫人陈老师的戏称。我问是不是坐火车来的?他说是。问其从哪个站下车,回答说是济南西站。因为这个站离我们住的宾馆很远,我就准备安排二女儿前去接站。没想到魏老师却说:“一号首长有个最新指示,要我打出租去接。”话刚说完,正好来了一辆出租车,他手一挥,匆匆上了车。我来不及阻拦,甚至还没有回过神来,车已经向西站方向驶去了。

大家知道,这个时候的魏书生,已经大名鼎鼎,是当今中国少有的教育家了。可是,他的行为让我感受到了一个大家的平常心。敬佩之余,也让我想到有个别所谓的名师专家,尽管名气远远没有魏书生大,可是,所到之处,架子摆得大大的。其实,不管你水平多高,你总是一个人,真正有品位的人,都应当是宠辱不惊的。同时,正是具有宠辱不惊的心态,也就优化了自己的心灵;而一个心态长期处于积极状态的人,身体自然也就健康了。魏书生几十年只得了两次病,而且基本上都是不医而愈。我想,这与其宠辱不惊的心态有着不小的关系吧!

4. 家中失盗却“感谢”小偷的罗斯福

大家都知道美国前总统罗斯福吧,他的家里曾经一度失窃。当时,一位朋友闻讯后写信安慰,让他放宽心,不要在意。罗斯福当即给朋友回信:“亲爱的朋友，谢谢你来信安慰我，我现在很平安。感谢上帝，因为第一，贼偷去的是我的东西，而没有伤害我的生命；第二，贼偷去的只是部分东西，而不是全部；第三，最值得庆幸的是，做贼的是他，而不是我。”

大家想想，在这种情况下，一般人大都非常懊恼。但是，罗斯福却有了完全有别于常人的心理状态。

其实，我的家里也失窃过，那是1986年一天的中午。我和夫人下班回家，未入家门，便惊讶地发现，门不打自开。进门一看，屋里一片狼藉。我的夫人见状一声惊叫“我的娘哎”，便蹲在了地上。

我对她说，你先冷静一下，咱们看看家里到底被偷走了什么，好去报案。我说，小偷肯定不会偷咱厨房里的高压锅，甚至电视都不一定偷，重点看看我们的存折，还有你买的那点金银首饰。

这一看才发现，存折被小偷全部找到，可一张未拿，悉数放到了我的床上；因为他知道，我们的存折有密码，他到银行是取不出来的。可是，我夫人所买的金银首饰被小偷洗掠一空。

这让我夫人痛恨不已，情不自禁地坐在地上一边哭一边骂起来。

我对她说：“骂人是不文明的。”

她反驳说：“骂小偷难道不行吗？”

我说：“不要骂了，到中午了，赶快去做饭。”

她生气地说：“你还有心思吃饭？”

我很平缓地说：“我不吃可以，咱们两个女儿马上放学了，不吃饭可不行啊！”

也许她认为女儿比我重要，很快起身赶到厨房。

不过，她并没有像往常一样炒上两三样菜，只是煮了一锅面条，就又坐到床上“凄凄惨惨戚戚”去了。可她怎么也没有想到,我竟然吃了两大碗。

她很惊诧地说:“还有心思吃那么多面条,你没心没肺啊!”

我幽默地说:“怎么能没有啊!如果没有,还能活吗?”

然后,我告诉她说:“你看看咱写字台上是什么?”

她一看,倒抽了一口冷气。

原来,小偷到家作案的时候,为防来人,从我们家厨房里抄了一把菜刀,临走前,便砍在了写字台上。

我不紧不慢地对夫人说:“如果我们两个早回来一些时间,小偷正在作案,我肯定本能地会立即与他搏斗。可是,我手无寸铁,他却是手握菜刀。小偷多是亡命之徒,情急之下,他很可能将菜刀对准我的脑门砍来。刹那间,我便有可能倒在血泊之中,与世长辞了。而你,也就成了寡妇。”

我这么一说,她破涕为笑了。

一般来说,在这个时候,很难平静下来,可当时我想,小偷偷我的东西,是他犯罪。如果我因此而气急败坏,失去理智,那不就等于拿小偷之罪来惩罚自己吗?再说,生气无济于事,甚至报案可能也没有作用。“亡羊补牢,未为晚也。”此后换上防盗门,也就不会有类似的事情发生了。

今天重提此事,休说我,就是我的夫人,也已经将它作为一个笑谈了,甚至还会讲得津津有味。

想想也是,一个人的一生,很难一帆风顺。不过,所有的遭遇,都是对自己心性的磨砺。只要不因此倒下,能坦然面对,也许就会变成生命成长的一笔财富。

要言之,宠辱不惊的心态是用平常心看待人生,用和谐心境对待世界,乐观而不悲观，不大喜大悲，不大惊大恐，凡事皆视为自然。参透人生，心道一体，方能真正做到宠辱不惊。

（二）优化情绪

情绪不只是一个人健康与否的晴雨表，还是其工作、学习和生活质量高下的试金石。所以，一个忧伤、气愤、恐惧、悲哀的人，自身的免疫系统就会发生紊乱；而且不管其心里如何想着集中精力学习，都必然事倍功半。大家可以看看，有些官员离职后不久便得重病乃至死亡，这是为什么呢？因为他在位的时候，权高势重，找他的人车水马龙；可一旦脱离了原有的位置，马上便出现“门前冷落鞍马稀”的景象。于是，忧伤、生气等不良情绪接踵而来，时间一长，就有了疾病。

不过，有的领导则会自我调节情绪，尽管开始的时候有一定的心理落差，可是，不长时间后，就适应了新的生活，甚至自得其乐，照样非常健康。特别是一些有思想文化品格的专家学者，退休之后，依然神采奕奕，异常快乐。

不良情绪对人的健康损害很大，最不合算的就是生气。有人说不可能不生气，陶老师你就不生气？我说，有时也生气，但是生气的时候你要想办法排解，起码不能让气长期地存在心里。这虽然不是一天两天能够达到的境界，可是，只要把心放宽，往生气以外的事多想想，也不是做不到的。

看来，优化情绪，对于个体生命质量是何等重要！下面，我就从几个事例中，谈谈究竟如何优化情绪。

1. 进行“良性暗示”

一位退休职工,患过癌症,也曾复发。他却在15年后的今天仍然愉快地活着,他说自己战胜病魔的法宝之一就是“良性暗示”。他的具体做法包括三个方面:首先要多回忆过去美好愉快的事,使自己保持平静愉悦的心情。其次是排除杂念,默念良性话语,例如:早晨起床时默念:“今天感觉特别好。”吃饭前默念:“这饭菜又香又好吃。”睡觉前默念:“今晚一定睡得香。”吃药时默念:“这药对治病特别有效。”……这就属于良性暗示。科学研究表明,良性暗示对人的身体有很好的作用。

可现实中,好多人生病恰恰是因为非良性的暗示造成的。有一些人本来就没有病,但是阴差阳错,被庸医误诊为癌症,由于心里恐慌,特别是下意识里已经认为自己就是真正的癌症患者,一段时间后,竟然真的成了癌症病人了。这就是非良性暗示酿造的恶果。

所以,我们要告诫自己:任何不良情绪,都是你生命成长中的障碍物,搬除之,方能畅通无阻。

2. 不妨“从头再来”

给大家讲一个小故事,幽默一下。有一位女士长得很漂亮,经过漫长的选择,终于和一个男士结婚了。没想到两年后她被男士抛弃了,更不幸的是孩子也死了。女士万念俱灰,准备自杀。她选择了跳海,就上了一个老头儿的船,船开到大海中,她准备好了要往下跳。

请大家猜猜,这个老头怎么和这位女士沟通,才能使她不跳海呢?如果老头说:“你看我行不行啊?我还没老伴呢。”这样说,女士一定会跳下去。

老头却是这样说的："姑娘，两年前你是啥样子？"女士自豪地说："两年前我是单身贵族，追求我的人很多，我既没有先生的烦恼，又没有孩子的拖累。现在悲惨了，我既没有先生，又没有孩子。"老头说："这前后不是一样吗？两年前你没有先生，现在你也没有先生；两年前你没有孩子，现在你也没有孩子，你和两年前一样漂亮，有啥想不开的？从头再来。"老头的话把女士给逗乐了，女士不想跳海了，从头再来。

有一首歌就叫《从头再来》，从头再来，就当啥事也没有发生过。这就是转移，换一种思考方式，那结果就不一样了。

3. 放下心理"包袱"

有的人说，我需要这需要那，而且越多越好。但是，这种人往往忘了有得就有失的道理。就是得的越多，负担也越重，甚至是得的越多，失的越多。

大家都知道"禅"吧。禅修进入到某种境界，人生就会发生积极的变化。可是，怎样才叫禅呢？我不想说一些大道理，就打个比喻吧。比如现在就有一个人让我站起来。你们看看，我正坐得舒舒服服的，叫我站起来干什么呢？原来，他要我抬起一条腿，之后，还陆续往我身上放东西，越放越多，也越来越重，直到我实在支撑不住了。他才说，现在，我把这些东西一件件拿下来，你再看看感受怎样。我感到，他每拿下一件，我就轻松一些。全部拿完之后，感到特别轻松。这个时候，他又说，你把抬起的那一条腿放下来吧，并恩准我坐下。你们说，这个时候我的感觉是什么样子的？那简直是太轻松了。他却说，你心里的负担比我给你加的东西还重，如果把它全部放下就进入禅的境界了。说到这里，不用再多说，大家一定明白了吧。是的，我们心里的负担太重了，必须放下。事实上，我们在得的时候，还要学会舍，有舍方有得嘛!

再说一个故事,一个青年背着个大包裹千里迢迢跑来见无际大师,他说:“大师,我是那样的孤独、痛苦与寂寞,长期的跋涉使我疲倦到极点;我的鞋子破了,荆棘割破了双脚;手也受伤了,流血不止;嗓子因为大声呼喊而喑哑。为什么我还找不到心中的阳光呢?”大师问:“你的大包裹里装的是什么?”青年说:“它对我可重要了。里面装的是我每一次跌倒时的痛苦,每一次受伤后的哭泣,每一次孤寂时的烦恼。靠着它,我才走到了您这儿来。”于是,无际大师带青年来到河边,他们坐船过了河。上岸后,大师说:“你扛着船走路吧。”“什么,扛着船赶路?”青年很惊讶,“它那么沉,我扛得动吗?”“是的,你扛不动它。”大师微微一笑,说:“过河时,船是有用的。但过河后,我们就要放下船赶路,否则它会变成我们的包袱。痛苦、孤独、寂寞、灾难、眼泪,这些对人生都是有用的。它能使生命得到升华,但若须臾不忘,就成了人生的包袱。放下它吧! 孩子,生命不能太负重。”青年放下包袱,继续赶路,他发现自己的步子轻松而愉悦,比以前快得多。

实际上,现实中人们的心理包袱也不比这个青年少。有荣誉,也有耻辱;有成功,也有失败;有高兴,也有忧伤,如此等等。如果不放下它们,就会成为我们前进的障碍。只有学会放下,才能轻装上阵。

我再给大家讲一个故事,让大家轻松一下。说的是两个和尚赶路,遇到一个美女被河水所阻,其中一个和尚就抱她过了河。他们又继续赶路,走了好久,另一个和尚终于忍不住指责他的同伴:“出家人不近女色,你怎么能抱她呢?”那个曾经“美女在抱”的和尚叹息道:“我早把她放下了,你怎么还抱着她,没有忘了她呢?”

我们往往看见一些有形的东西,其实,那些无形的东西才是更重的“包袱”。放下心理层面的负担,才能走进“无我”的境界。

(三)充满自信

我认为,自信者的心理状态在任何情况下都是一道美丽的风景。大凡认识我的人,都说我是一个自信者。是的,我始终充满自信!不管遇到多么大的困难,遭遇多少波折,我都会满怀信心!为什么呢?我始终认为,困难几乎无处不在,这是上天给我们人类设置的考验场。但同时,胜利也无处不在,只要努力,就一定能够成功。我甚至认为,破解困难的过程,也是提升个体生命维度的过程,甚至是从中体验人生幸福的过程。

1. 大脑潜能无限

充满自信,绝非盲目自信。要想拥有自信,就必须具备自信的条件。我认为,我们每一个生命个体都有着足以令自己自信的丰富资源。

主管人体的司令部——大脑,具有无法想象的潜能,只不过我们没有很好地开发而已。大脑简直就是一个核反应堆,只不过是平时隐藏得非常深,我们发觉不了而已。人脑主要是由神经细胞构成的。那么人脑有多少神经元?现在科学界得出的结论是有1000亿,可贮存5亿本书的知识,约等于世界上最大的图书馆——美国国会图书馆全部藏书的50倍!谁都没有资格和权利鄙视你,包括你自己,对自己的鄙视就是对这个世界的鄙视。所以宇宙生我,我就是小宇宙,宇宙无限,我的潜能无穷!宇宙是智慧的本源,那么,我们的大脑同样是智慧的源泉!

现在脑科学研究发现,人到80岁的时候脑细胞会大量死亡,但同时还有一个发现,那就是脑细胞的再生量远远超过死亡量。

有人问我,陶老师你都70岁了,据说还在背书,是真的吗?我说是真的。随后往往又有一问:“还记得住吗?”“记得住!”我大都会特别自信地回答。我为什么要背诵呢?一是经典文化往往需要背诵之后才能了其要义;二是通过背诵,激活大脑,从而使自己的生命发生奇迹。事实上也是如此,我现在的记忆力,一点儿也不比30年前差。

就是在一般人看来大脑出现问题的人,也不是没有潜能。有这样一个报道:一个13岁的脑瘫患者沈钦竟然当上了电脑软件专家。有人或许会问:脑瘫了还行吗?还行!虽然脑瘫了,但是,大脑之中还有一部分仍然健在,只要激活这一部分,就足以让你受用终生。在沈钦5岁那年,家中有了一台286电脑,是父亲为了处理文字而购买的。当时,只能在床上爬来爬去的沈钦,就跪着和爸爸一起看电视里的计算机课程:初级、中级、办公室自动化。开始,爸爸妈妈总以为他不过是看着好玩而已,可是有几次,他们发现儿子趁他们不在的时候偷偷按动了鼠标,令人意外的是,孩子不但没有闯祸,而且还正是爸爸准备进行的下一步操作。到后来,他竟教起父亲来了。从此,这个脑瘫儿童一步步成为软件专家。沈钦常常伏在电脑桌前,看着屏幕上展示的会话场景,流利地说着英语,与电脑中的声音对话。与常人不同,他握鼠标的是左手,十分灵活。右手却明显迟钝,连翻书都有些困难。作为一个脑瘫儿,他的智力水平仅有正常儿童的40%～50%,他的父母也从来没指望他成为什么专家。

脑瘫患者都可以创造奇迹,我们正常人更没有鄙视自己的权利。也就是说,我们每一个人都有巨大的潜力,我们也应当把它开发出来。

2. 愚笨只是外象

孟子说:“人皆可以为尧舜。”你看,孟子说人人都可以成为尧舜这样的大德大才之人,这是不是太过夸张了?不是。人与人之间的差异并不大,人人都可以走向成才之路。看似愚笨之人,其实内蕴着巨大的天才因子。家长和老师们,千万不要说孩子笨,你要整天说孩子笨,他就真的笨了;相反,你天天说孩子聪明,又激发其学习兴趣的话,他也真的就成为天才了。

三毛是一位了不起的作家,但是,上学的时候,她属于公认的笨孩子,特别是数学,考零分简直是家常便饭。她班上的数学老师实在忍受不了这么笨的学生,就常常在同学们面前讽刺挖苦她,甚至体罚她。有几次,老师竟然用毛笔在她的眼睛周围画了两个黑眼圈,然后罚她到操场跑步,让全校的师生都看见这个笨学生的黑眼圈。这个女孩实在无法忍受这样的生活,变得怕学校、怕老师,成为“差生”歧视阴影下的逃兵!令这位在这个笨学生脸上画黑眼圈的老师完全意想不到的是,若干年以后,这个女孩竟然成为中外闻名的畅销书作家,成为几代少年的偶像。但是,如果三毛在班里继续学习,在老师一次又一次地说她笨的暗示中,就会真的成为一个笨学生,一事无成,更不要说成为作家了。

不只是三毛,就是世界大科学家爱因斯坦也并非一生下来就是天才,甚至被人们认为特别愚钝。他直到三四岁还不太会说话,老师曾经给了他这样的评语:“反应迟钝,不合理,满脑子不切实际的幻想。”他曾经因为学习困难而被迫退学。后来,他在申请进入瑞士联邦理工学院时,也一度遭到拒绝。因为,负责招生的人员通过观察和考察,认为他并非可造之才。

事实上,现在的一些学校教育和家庭教育,还在重复着爱因斯坦老师的故事,有的教师与家长认为自己的学生和孩子天生愚笨,而且不断地通过语言与行为将这种消极暗示传递给他们。当然,也有的教师与家长懂得了积极暗示的意义,学会了积极暗示的方法,且在自己的学生与孩子身上发挥了作用。

3. 自信创造奇迹

我认为,什么时候有了信心,什么时候你就开始走向成功,其他的输赢都不重要。你如果没有自信,即使现在成功了,最终也还是会失败。

给大家讲一个真实的故事——一天傍晚,一个叫希尔的青年移民站在河边发呆。这天是他 30 岁生日,可他不知道自己是否还有勇气活下去。因为希尔从小在福利院里长大,身材矮小,长相也难看,讲话又带着浓厚的法国乡下口音,所以他一直很瞧不起自己,连最普通的工作都不敢去应聘,而立之年的他还没有一个稳定的家。就在希尔徘徊于生死之际,他的好朋友马克兴冲冲地跑过来对他说:“希尔,告诉你一个天大的好新闻,我刚刚从广播里听到一则消息,拿破仑曾经遗失了一个孙子。播音员描述的相貌特征与你一点儿不差。”“真的吗?我竟然是拿破仑的孙子!”希尔一下子精神大振,浑身充满了力量。联想到敬爱的爷爷曾经以矮小的身材指挥着庞大的军队,用带着泥土芳香的法语发出威严的命令,他就感到自己矮小的身材同样充满了神奇的力量,讲话时的法国口音也带着几分高贵和威严。第二天一大早,希尔便满怀自信地来到一家大公司应聘。15 年后,已成为这家大公司总裁的希尔,经查证自己并非拿破仑的孙子,但这早已不重要了。

希尔的成功纯属偶然,但是内含着必然的因素。这个必然就是自信,因为自信能够创造奇迹。正是这次美丽的“误会”,开启了希尔的内在自信系统。大家设想一下,如果没有这个偶然,说不定他也就真的自杀了。

4."说你行你就行"

我们不但要深信学生潜力无穷,而且要高度评价"说你行你就行"的价值。因为肯定和激励的话语背后的东西是评价,长久的心理暗示,最终就会凝固成一种评价定势。学生在这种"能行"的评价定势中,思想品格不断提升,学习成绩也会持续攀升。

有这样一个故事,一位教育专家到一所学校的一个班里指导工作。老师看到专家到来,就求教于他,问班里哪些学生聪明。这个专家听后,几乎是不假思索地指着几个学生说,就他们几个。一年之后,这位专家重新来到这所学校,奇迹真的出现了。他所指认的学生,在这一年里,成绩大幅度提高,就连行为习惯也变得好了许多。所以,校长与老师都对这位专家佩服得五体投地,请他谈谈何以如此神奇?"没想到吧!"这个专家轻轻地说,"我只是随便一指,我哪里知道他们谁聪明呢?"这令校长与老师大惑不解。那么,这到底是为什么呢?这就是我所说的"说你行你就行"暗示的神奇作用。人们多迷信专家,老师和学生尤其如此。被指认的学生认为,专家都说自己聪明了,当然没有什么疑问了。于是,他们在心里也建立起了一个自信系统。老师与家长呢,也认为自己的学生和孩子太聪明了,在平时的言行中,有意无意地向学生和孩子传递积极的心理暗示。久而久之,这些暗示就产生了作用。于是,这些学生从心底里就有了"我能行"的坚强信念,有了信心,也有了效率,同时也就有了好的学习成绩。自认为自己如此优秀,当然在平时也要以好学生的标准来要求自己了,于是,好的行为习惯也就养成了。

我们的老师与家长大都不太重视"说你行你就行"的积极暗示法,而是用"你真笨"等消极暗示话语伤害孩子的心灵,认为这样可以激发孩子的动力。听了我上面所讲的这个故事,会不会改变你的暗示话语呢?

2009年,我采访北京光明小学刘永胜校长的时候,很为其让孩子个个贯彻“我能行”的理念以及积极实践所感动,用他的话说:教育就是建立自信心。围绕这个话题,我们还通过QQ对话了一篇11000多字的文章。他用八句话概括“我能行”教育理念——“相信自己行,才会我能行;别人说我行,努力才能行;你在这点行,我在那点行;今天若不行,争取明天行;能正视不行,也是我能行;不但自己行,帮助别人行;相互支持行,合作大家行;争取全面行,创造才最行。”在这八句话中,第一句强调了人要有坚定的信念。第二句说明自信不是口号而是要实际地做和体验。第三句指出人的发展是多元的、有个性差异的。第四句表明了要用发展的眼光看自己。第五句强调了能正确悦纳自我也是自信,因为“正视”是走向“我能行”的第一步,正如“失败是成功之母”一样,它在心里建构的不是失败与自卑,而是成功与自信。第六句提倡人与人之间互相帮助。第七句强调了合作的重要性,倡导双赢,它少了竞争的火药味,多了合作共进的和谐性,面对比较缺失合作意识的现代学生,提出这样的口号,可以更加有效地让他们走向优化自我的自信彼岸。第八句提出全面发展的同时,又强调了“创造”的意义,每个学生各有所长,长处一发展,就会有所创造。况且,人人都可以创新,没有大的创新,也有小的创新。创新形成习惯之后,就会内化成一种创新品质,就有可能具有大的创造,这对于学生的当下学习与未来发展,都会起到比较大的作用。

为了落实“我能行”的教育理念,刘永胜校长在教师大会上特别强调说,关注也是激励,并要求老师在批改作业时每天要为5名同学写上一句激励性的评语,老师持有“表扬卡”,随时发现孩子的长处并写上一句鼓励话语签上名及时送给学生。获奖在光明小学的学生中成了一种常态,每周一的升旗仪式上，学校都坚持为获得各种奖项的同学隆重颁奖。

同时，学校还提出了光明小学学生的十项实践活动，光明小学学生必参观的十个博物馆，光明小学学生必读的十本书，以及“十种权利”、“十项责任”、“十种习惯”、“十种能力”和“十种表扬形式”，共同构成了“我能行”教育在学生层面上以思想道德体验为途径的“八个十”育人途径。

学生可以从教师那里随时获得“表扬卡”，就会随时拥有做出好表现的欲望。由于这个表扬卡“包罗万象”，几乎涵盖了学生道德行为的方方面面，所以，它又是一种道德建设的有效载体。其实，德育的有效化，不在于教师之讲，而在于学生自主自动地去做，并且未必是做那些轰轰烈烈的大事，而是一点一滴的小事。因为“天下大事，必作于细；天下难事，必作于易”。细事小事做好了，优良的品质也就形成了。而在周一的升旗仪式上为其隆重颁奖的做法，会在获奖者的心里留下终生难忘的印象，因为这种庄重与神圣的场合，加重了这一获奖的意义与价值，并在更多孩子的心里生成去做好事的心理趋势。

“十项实践活动”使教育从狭小的教室走向了一个更大的空间。在这种实践中，孩子们不但开阔了视野，而且也在实践中丰富了人生经历，提升了思想道德品质。可以说，这是一个颇具特色的系统的育人工程。

当然，一次两次的“我能行”教育的心理暗示可能会起一定的作用，但不会起决定性的作用，关键还在于坚持。做得时间长了，就会形成一种良性循环。越说你能行，你就越有信心；你越有信心，表现就会越好；表现越好，也就越有信心。循环往复，以至于越来越成功。

相反，消极的心理暗示，会伤害一个又一个孩子的自尊，会消解一个又一个学生的自信，最终会扼杀一个又一个的天才。我想，我们的老师与家长，如果明白了这样一个道理，以后就不会再做出这些事与愿违的事情了吧。

三 持续发展

我非常欣赏邓小平“发展就是硬道理”这句话，因为对于一个人的一生来说，发展与不发展，差异之大，令人惊叹。这个人的起点与那个人的起点差不多，有的还是在同一所大学毕业，又分到了同一个单位。可在若干年或者更长时间后，一个人平平常常，甚至还没有一般人优秀；另一个则成了这个单位的卓越人才，甚至在更大范围内产生了重要影响。原因当然可能是多方面的，而其中一个重要的原因应该是，前者认为找到了比较不错的工作，发展已经没有意义，便不再努力，甚至连在大学里所学的东西也渐渐忘掉了；后者则不然，不但具有强烈的发展意识，而且一直努力着，即使取得了一个又一个比较好的成绩，甚至有了很大的成果，但并没有驻足不前，反而更加努力。

那么，究竟怎样才能更好地持续发展呢？

(一)绝不放弃

在发展自身的过程中,成功和胜利并不是招手即来的,我们往往会遇到各种各样的困难,甚至是在常人看来无法克服的困难。这个时候,不少人就半途而废、中道而止了。所以,在这个过程中,自己的心里一定要坚定一个信念——决不放弃。这意味着永远相信终有成功的到来,这样,经由努力与奋斗之后,成功和胜利也就会真的到来了。恰如比尔·盖茨所言:所谓的奇迹,不过是坚持的结果。

1. 成功演讲者丘吉尔

不知道大家听说过英国前首相丘吉尔在牛津大学的一场特别精彩的演讲没有?那是1948年,牛津大学要举办一个"成功秘诀"讲座,邀请到了当时声誉如日中天的丘吉尔来演讲。三个月前媒体就开始炒作,各界人士皆翘首以盼。这天终于到了,会场上人山人海,水泄不通。全世界各大新闻机构都到齐了,人们准备好洗耳恭听这位大政治家、外交家、文学家的成功秘诀。丘吉尔用手势止住如雷的掌声后,说:"我成功的秘诀有三个:第一是,决不放弃;第二是,决不、决不放弃;第三是,决不、决不、决不放弃!我的演讲完了。"说完,他立即走下讲台。会场沉寂了一分钟后,突然爆发出热烈的掌声,经久不息。

其实,丘吉尔的演讲尽管非常简短,可是,他道出了走向成功的真正秘诀。他自己的一生就是不断地与命运进行抗争、不断向前发展的过程,他从来没有放弃过,所以,才有了巨大的成功。

2. 从不服输的林肯

美国前总统林肯是一个很伟大的人物，但是，大家知道他在走向总统宝座之前经历了多少失败吗？——1832 年，林肯失业了，这显然使他很伤心，但他下决心要当政治家，当州议员，糟糕的是竞选也失败了。在一年里遭受两次打击，这对他来说无疑是痛苦的。随后他着手自己开办企业，可一年不到，这家企业又倒闭了。在以后的 17 年间，他不得不为偿还企业倒闭时所欠的债务而到处奔波，历尽磨难。他再一次决定参加竞选州议员，这次他成功了。他内心萌发了一丝希望，认为自己的生活有了转机："可能我可以成功了！"

1835 年，林肯订婚了，但离结婚还差几个月的时候，未婚妻不幸去世。这对他精神上的打击实在太大了，他心力交瘁，数月卧床不起。在 1836 年他还得过神经衰弱症。

1838 年，他觉得身体状况良好，于是决定竞选州议会议长，可又失败了。

1843 年，他参加竞选美国国会议员，但这次仍然没有成功。

他虽然一次次地尝试，却一次次地遭受失败：企业倒闭、亲人去世、竞选败北。要是你碰到这一切，你会不会放弃——放弃那些对你来说是重要的事情？他没有放弃，他也没有说："要是失败会怎样？"

1846 年，他又一次参加国会议员竞选，最后终于当选了。两年任期很快过去了，他决定要争取连任。他认为自己作为国会议员表现是出色的，相信选民会继续选举他。但结果很遗憾，他落选了。他又申请当本州的土地官员，但州政府把他的申请退了回来，并回复道："做本州的土地官员要求有卓越的才能和超常的智力，你的申请未能满足这些要求。"接连又是两次失败。

在这种情况下，你还会坚持继续努力吗？你会不会说“我失败了！”然而，他没有服输。1854年，他竞选参议员，但失败了；两年后他竞选美国副总统提名，结果被对手击败；又过了两年，他再一次竞选参议员，还是失败了。

在林肯大半生的奋斗和进取中，有多次失败，只有三次成功，而第三次成功就是当选为美国的第十六任总统。那屡次的失败并没有动摇他坚定的信念，而是起到了激励和鞭策的作用。

孟子说：“天将降大任于是人也，必先苦其心志，劳其筋骨，饿其体肤，空乏其身，行拂乱其所为，所以动心忍性，曾益其所不能。”是的，看看中国古代的很多成大器者，大都有一番特别的苦难史。拿破仑甚至说：最困难之时，就是离成功不远之日。林肯面对失败从来没有退却，他坚持着、奋斗着，所以迎来了辉煌的人生。

3. 决不放弃的松下幸之助

大家都知道日本的松下幸之助吧，我们现在好多人的家里还用着松下电器呢！但是，大家知不知道，他原来是一个出身贫寒的青年。年轻时，他到一家电器工厂去谋职，这家工厂人事主管看着面前的小伙子衣着破旧，身材又瘦又小，觉得不理想，信口说：“我们现在暂时不缺人，你一个月以后再来看看吧。”这本来是个推辞，没想到一个月后松下真的来了，那位负责人又推托说：“现在有事，过几天再说吧。”隔了几天松下又来了，如此反复了多次，主管只好直接说出自己的态度：“你穿成这样是进不了我们工厂的。”于是松下立即回去借钱买了一身整齐的衣服穿上再来面试。负责人看他如此执着，只好说：“关于电器方面的知识，你知道得太少了，我们不能用你。”不料两个月后，松下再次出现在人事主管面前：“我已经学会了不少有关电器方面的知识,您看我哪方面还有差距,我一项项来弥补。”这位人事主管紧盯着态度诚恳的松下看了半天才说:“我干这一行几十年了,还是第一次遇到像你这样来找工作的,我真佩服你的耐心和韧性。”最终,松下这种不轻言放弃的精神打动了主管,他得到了这份工作,并通过不断努力逐渐成为电器行业成就非凡的人物。

有的时候我在想,如果我们也面临松下的遭遇,我们会怎么做呢? 我想,十有八九会放弃的。松下的成功告诉我们,失败不仅是一次挫折,也是一次机会,它使你找到自身的欠缺,不轻言放弃,补上这一课,就会成功。

4. 永不言败的沙彦华

“中国母亲”沙彦华,被人们称作“为盲儿子创造光明的天使”。其对盲儿子孙岩生命成长的关爱,以及不管遭遇多大困难都一往无前的精神,让人们感慨万千。

1983 年 4 月 1 日,孙岩出生于吉林省长春市。小时的他长得白白胖胖、结结实实,特别是有一双明亮的大眼睛,更是显得活泼可爱。全家人都沐浴在愉快与幸福的氛围里。

可是,细心的外婆与奶奶很快便发现,小孙岩的那双眼睛,对外界竟然没有任何反应。

全家人的快乐顿时烟消云散,立即去医院诊断——孙岩患有先天性白内障!

沙彦华四处求医,不管花多少钱,都要治好小孙岩的眼睛。

最后,到了北京一家大医院,为 3 岁的小孙岩做了矫正手术。

可是,当术后轻轻地取下小孙岩眼上的纱布时,父母顿时惊呆了:原本虽然弱视但还水汪汪的眼睛，现在却全瘪了！

简直是晴天霹雳！

沙彦华感到眼前一片黑暗，所有的生路都被这突如其来的不幸斩断了。她想纵身从高楼上一跃而下，结束自己的生命。整个家庭也紧张起来，不仅是在为小孙岩悲伤，也在担心沙彦华的生死。

很多天，沙彦华一直在死与活两条路上徘徊着。她在想，如果死了，最需要帮助与呵护的小孙岩由谁来照管？可活下去呢，又没有勇气面对这个不可改变的事实。

处在两难之间的沙彦华每天不吃不喝不睡地抱着小孙岩哭，她的眼泪一滴一滴地滴落在儿子的脸上。她刚刚小心地将小孙岩脸上的泪水擦掉，泪水又滴落在他那可爱而又可怜的脸上。不知道为什么，她的眼前不断出现流落街头的盲人、乞丐的形象，这些旋即又与小孙岩的未来联系起来，紧接着便如刀绞一样直刺她的心脏。

沙彦华的精神支柱垮了。一个原本坚强的母亲，如今只有在生死线上挣扎的一丝余力了。

家人和朋友一次又一次的劝导，时间一天又一天的流逝，使这个精神死亡的母亲重新苏醒了。

“是的，我不能死！”沙彦华斩钉截铁地说。

她冷静了下来。如果想让小孙岩以后过得好一点儿的话，首先自己必须坚强起来；如果说医治孙岩的眼睛还是身体上的问题的话，那么，自己首先要在思想和精神上健康起来。

凤凰涅槃后的沙彦华又恢复了原有的朝气与勇气，不，是有了前所未有的朝气与勇气。

盲人由于看不见世界的原因，大多失去了正常人的生活能力。孙岩同样是不幸的，可是，因为有了一个超越他人的妈妈，他的生活走上了正常人的轨道。

在与孙岩相处的十几天里，令我感到特别惊奇的是，他几乎没有一点儿盲相。漂亮的墨镜戴在他那英俊的脸上，显得潇洒而又自然。走路昂首挺胸，全然如一个正常孩子一样。每到一个地方住下，只需两三分钟，房间里所有设施的方位他便了然于胸；到我们所住的七八个房间一转一问，再行走起来，就如走进自己的家里一样熟悉。

孙岩如此神奇的源头还需到沙彦华那里寻找。

孙岩开始学走路的时候，也如其他盲人一样，伸出双臂，担心前面横亘着威胁其安全的障碍物，而且走的是“内八字”，难看而别扭。这个时候，沙彦华就告诉他：“你要像正常人一样走路，你能像正常人一样走路！”她对孙岩说，正常人走路的时候两只手放在下面，两条胳膊自然地摆动着。虽然如此，孙岩毕竟从来没有看到过正常人如何走路，所以他的脑子里边没有一个正和直的概念。于是，沙彦华就蹲在地下，用手把着他的双脚，教他像正常人一样摆正，告诉他把腿放松，教他往直的方向走。走回来的时候，沙彦华又让孙岩蹲在地上摸着她的腿和脚再走。同时，引导着他摇动双臂，像正常人一样摆动。如此反反复复地练，一点点地进步，不断地鼓励与表扬。几个月后，孙岩真的如正常人一样走路了。

其实，开始的时候，孙岩并没有如现在这样走起来坦然，总是担心撞到什么东西上。沙彦华就告诉他，碰着磕着没有什么，现在被碰着，就是为了以后不再被碰着；现在吃点苦练走路，就是为了以后走好路。干任何事，开头的时候大都会遇到一些波折，只要坚持下去，就一定能够成功。

小小的孙岩似乎听懂了妈妈话里的含义,不断地点头,照着妈妈的指点,大着胆子走起来。每逢碰着、磕着或者摔倒的时候,还没等妈妈去安慰,他就已经笑着说:"没事,妈妈,我重来!"这令沙彦华心里一颤,眼泪不禁夺眶而出。是的,她心疼儿子,同时,她也为孙岩的坚强而感到欣慰。

学会走路只是第一步,人生的路还很长。在父母的指导下,孙岩学会了正常人会做的各种各样的事情,沙彦华也一天天地放心了。

沙彦华在孙岩很小的时候就有效地启迪了儿子的智慧,从而使其形成了好学乐学的习惯。孙岩的记忆力特别好,无论学什么,基本一点就通。于是,沙彦华决定让孙岩进入正常小学,她相信孙岩的智力水平完全可以适应小学学习;同时,通过进入正常班级,与健全孩子一起学习与生活,可以更好地提高他的社会适应能力。经过努力,长春市一家重点小学在对孙岩进行考试之后,决定接收他并让他直接插班上二年级。不料,此举竟然引起轩然大波。班上学生的家长不同意,认为班里插进一个盲童,自然会分散老师很多精力,由此势必影响自己孩子的学习。于是,一个家长提议,一呼百应,这个班里的孩子全部罢课,而且声称:"只要那个瞎孩子不滚,我们就不上课!"有的家长甚至揣测孙岩可能是哪一个重要领导的"孙子",否则怎么不"滚到"残疾人学校而能塞到健全人的学校来呢?于是,家长们集合起来,到市政府门口静坐,说如果不让孙岩回家,他们的孩子就不复课。

所有这些,都像刀子一样插进了沙彦华的心里,但她没有退却,她不能让这把刀子再次深深地插进小孙岩的心里。其实,当时小小的孙岩害怕极了,一个偌大的教室,只有他孤零零的一个人。而且外边还有人喊着让他滚回去的口号。他问妈妈:"他们为什么吵闹?为什么让我滚回去?同学们为什么不来上学?"沙彦华擦干眼里的泪水,很平静地对他讲他们这样做的理由，并坚定地告诉儿子："不要害怕！就是你一个人，也要来上课。他们现在不理解，以后肯定会理解的！"

事情越闹越大，最后惊动了省、市教委领导。上级专门派人前来调查。事实证明，孙岩并无任何特殊关系。于是，校长就和家长们谈判，达成一个君子协定：两个月内，如果对别的孩子的学习造成影响，就让孙岩离开学校；如果没有，就希望家长们给点爱心，让孙岩也和他们的孩子一样拥有享受平等受教育的权利。

不久，家长们就发现，小孙岩的到来并没有影响到自己孩子的学习，相反，刻苦好学的盲孩子却成了他们教育自己小孩的榜样。两个月过后的期中考试，孙岩成绩排名全年级第一。原本还要轰走孙岩的家长们，现在不但不希望他离开，反而在上学和放学的路上，都嘱咐自己的孩子要与他同行，因为那是对自己孩子进行影响教育的一个好机会。老师更是将孙岩作为同学们学习的典范，把最调皮的孩子调到和孙岩同桌，被感化好后再换一个学生来与他同位。

沙彦华不只让孙岩走进了健全孩子的生活圈里，而且也由此锤炼了孙岩的意志。在孙岩取得大家认可的过程中，他也实现了一次精神的飞跃。

沙彦华的永不言败还体现在她为孙岩选择钢琴之路上。因为孙岩有超越常人的乐感，为此，沙彦华决定让孙岩学习弹钢琴，但是，休说学习弹琴需要昂贵的学费，就是一架钢琴也买不起啊！

沙彦华是专业服装设计师，为了孙岩，她毫不犹豫地辞去公职，自己开起了服装厂，专做自己设计的服装。沙彦华不是唯利是图的小企业主，她用智慧与诚信来经营生意，很快就赚了钱。在还清家里的欠债之后，她做的第一件事就是给孙岩买了一架价值几万元钱的三角钢琴，还给他请了钢琴教师。8 岁的小孙岩一遍又一遍地抚摸着这架滑润而又富有质感的钢琴,心里的快乐满满地写在脸上。沙彦华说,她希望这架钢琴不只是给儿子一个练习钢琴的设施,还是一个引领其走向精神飞跃的载体。

沙彦华的生意日益兴隆,孙岩的钢琴水平也日益长进。笼罩在家庭里的阴云开始一点点地消散,明媚的晨曦悄悄照进全家人的心里。

孙岩的钢琴水平不断提高的同时,他的知名度也在一步步地提高。1997 年,他应邀赴京演出,获得了极大的好评。就是在京期间,沙彦华看到这里才是更适宜孙岩发展的地方。回家之后,沙彦华毅然关掉经营了 10 年的蒸蒸日上的生意,拿着所有积蓄,全家迁居北京。当时有人对沙彦华说,放弃了自己的事业,真是太可惜了,可她说:"我把孙岩当成自己的事业。"

但沙彦华的希望很快变得异常渺茫。一次又一次地为孙岩寻师问路,无一例外地都遭遇到了碰壁。整整一年,她都是在黑暗里摸索着,在苦求无助的情境里奔波着。

但沙彦华从来没有想到过放弃,困难再大都不能让她退缩。她说,为了孙岩,她可以成千上万次的失败,只要孙岩能成功一次,她都一往无前。

沙彦华认为,中央音乐学院附中是孙岩学习的最好学校。她热切地盼望孙岩能到那里正式上学,于是,便带着孙岩前去应考。但学校不收,说盲孩子到这里就学,史无前例,绝不可能。任凭沙彦华如何苦苦哀求,如何陈说理由,都无济于事。每天抱着希望而去,每天怀着失望而归。一到家里,她就伤心得号啕大哭。即使后来我采访沙彦华时,提及这段经历,她依然感慨不已:"无论自己觉得有多少足够的条件,别人都有充足的理由来否定。他们的理由单一而又充分——他是残疾人!"

正在沙彦华绝望得痛不欲生的时候,音乐学院钢琴系主任杨峻教授收下了孙岩。沙彦华说，那种感觉犹如一个人在没有任何希望的狂风掀卷的大海里即将死亡的一刻，救星突然从天而降一样。她高兴得又哭了好长时间，不过，这次哭是在一次又一次悲伤地痛哭之后幸福地流泪。

孙岩进入中央音乐学院附中学习，学琴进入专业化阶段。孙岩的灵性与坚韧共同演绎了他的优秀，终因表现优异而被免试保送中央音乐学院。

在孙岩 19 岁的时候，中央音乐学院迎来了其历史上的第一位盲人大学生。这一破天荒的纪录，为这所大学书写了一段特殊的历史，也为孙岩的一生成长奏响了一曲壮丽的乐章。

杨峻教授是我国著名的钢琴家、教育家，他培养的学生多次在国内和国际钢琴大赛中荣获大奖。师从大师级的杨峻教授，加上自己持之以恒的努力，孙岩的钢琴水平有了突飞猛进的提高。短短五年时间里，他已经从一个喜好弹琴的孩子，成长为一名蜚声全国乃至走向世界的专业钢琴演奏家。

由于孙岩的学业成绩极其优秀，他又被该校录取为 2007 级的研究生。由此，孙岩不仅打破了中央音乐学院史无盲人大学生的先例，而且也破天荒地成为该校第一位盲人研究生。

后来，笔者通过与孙岩电话联系得知，这位盲人钢琴家已经成了北京木毯教育科技有限公司的创始人。他的声音洪亮而富有生气，其前程更是美好灿烂。

我常想，如果没有沙彦华这样一位百折不挠的母亲，孙岩能有今天的卓越成就吗？更重要的是，沙彦华永不言败的精神与绝不放弃的意志深深地影响了孙岩，让他也如母亲一样，即使遭遇再大的困难，也不会放弃自己所追求的目标。孙岩成了名人，也获取了巨大的成功；而沙彦华与孙岩的精神世界，则有了更灿烂的光芒和更宏大的气象。

(二)形成习惯

叶圣陶先生说:“教育是什么?往简单方面说,只需一句话,就是要养成良好的习惯。”在某种意义上来说,习惯决定一个人的命运。习惯的养成,绝非一朝一夕之事。而良好习惯一旦养成,就会惠及一生。

美国前总统尼克松一直严格地遵守锻炼的时间安排,有规律地进行体育锻炼。他有在户外散步的习惯,散步时他的思想最活跃。他不喝酒、不抽烟、不打牌。他认为,没有规律的生活习惯,整个人就会犯懒。读书、发表演说和写作让脑袋不至于犯懒,可你也得让身体跟上去。除了体育锻炼,他还一直保持健康的饮食。

一些作家之所以英年早逝,大都是熬夜、生活不规律,没有养成良好的生活习惯所致。尽管这些作家的精神追求可叹可赞,但是,不好的生活习惯给他们致命一击。尼克松的聪明,不只在于政治方面,还在于他知道一个起码的常识,那就是要想做一番大的事业,就必须有一个特别健康的体魄。作为我们一般人,虽然不能成就轰轰烈烈的大事业,可是,我们应当使自己的生活更幸福。良好的生活习惯,恰恰是人生幸福的必要条件。

所以,要想打造一个健康的身体,就必须日积月累,持之以恒,一天都不能放弃;但是,要想毁掉一个健康的身体,很短的时期就可以了。有人说,我现在年轻。但是年轻也不能吃老本。我从 30 岁开始,哪一天都没有少了锻炼,天天如此。身体一旦出现问题,再锻炼就晚了。强健的体魄是你心灵健康和幸福的最重要保障。

1. 高效课堂立足好习惯养成的罗庄二中

2009 年,我去临沂市罗庄二中采访姜怀顺校长,他谈了一个很有价值的观点。他认为,优质课堂的一个很重要的标准就是学生良好学习习惯的形成,反过来学生的良好学习习惯又是进行优质课堂教学的基础,而且对其以后的学习乃至人生成长都会产生促进作用。

因此,从初一开始,学校就强化了学生十种学习习惯的培养——①早晨制定一天学习计划的习惯;②将学习计划、目标视觉化的习惯;③课前充分预习、随时准备向老师提出问题的习惯;④学过的内容及时复习归纳、系统归一的习惯;⑤朗读、默读与尝试回忆相结合的习惯;⑥随时记录灵感,把重要的观念、方法写下来提示自己的习惯;⑦上课能坐住、能静心、能思考的习惯;⑧课堂上认真聆听、合作、积极大声表达的习惯;⑨用双色纠错和用不同的符号标记题目,且能及时筛选、整理错题集的习惯;⑩课下或晚上有对一天的学习、行为及时反思、反省的习惯。从实施的效果来看,学生学习的自主性普遍增强,教师减轻了简单事务的负担,课堂教学效率明显提高。在2008 年 11 月初召开的全省创新教育研讨会上,张志勇副厅长对罗庄二中的做法给予了高度评价,并在会议总结时向与会代表做了重点介绍。

但是,仅有学习习惯还是不够的,还需要养成良好的生活道德习惯。姜怀顺认为,从一个国家层面上讲,我们获得了很多奥运会奖牌;可是,一百年来,诺贝尔获奖者却没有几个是中国的。原因非止一端,而良好的道德习惯不能不是一个重要的因素。

1988 年,75 位诺贝尔奖获得者聚首巴黎,会议期间有人问其中一位:“您在哪所大学学到了最重要的东西?”出人意料的是,这位白发苍苍的老人回答:“在幼儿园!”“在幼儿园学到什么?”“把自己的东西分一半给小伙伴,不是自己的东西不拿,东西要放回原处,做错了事情要表示歉意,午后要休息,要仔细观察大自然,我学到的东西就这些。”

这说明什么?说明良好的道德习惯是一个人成功的关键所在。在某种意义上说,大德才有大智。现在的学校教育不能从更为重要的道德习惯的养成上挖掘学生发展的潜力,而是在教学单一的层面努力,其结果往往是缘木求鱼。

真正想让学生成才,特别是成大才,就要从学生的道德习惯上着手。当一道题不会做的时候,你心急了吗?你全力以赴地去想办法了吗?你具备战胜困难的决心了吗?你在解决这个难题的时候,感受到特殊快乐了吗?这些看似与学生的学习关系不大,其实却是休戚相关的。知识重要吗?重要;方法重要吗?比知识还重要;可是,更为重要的是道德习惯。课堂不应当成为灌输知识的容器,而应当成为学生走向成功的一个发展场。而那些只是追求考试成绩的老师带给学生的,不只是枯燥乏味,还有狭隘的功利思想。

学校的刘建宇老师在课上提问的时候,一位学生没有回答出来,在一般人看来,这是再正常不过的事了。可是,刘建宇老师却批评了这位学生。刘建宇对他说,我不满意的不是你不会,而是你回答不上来时的那种“坦然”。是的,如果上升到道德习惯层面,这种批评就有了内在的依据。

高效课堂必须立足于培养学生持续发展的学习习惯和道德习惯,反过来,学生养成了良好的习惯又可以直接服务于个性化高效课堂的建设,而且对其以后的学习乃至人生成长都会产生良好的作用。

2. 让学生在守“格”中养成习惯的黄杰小学

不少小学班主任有一个共同的感受：小孩子难管，经常是按下葫芦起了瓢。可笔者在湖北省松滋市黄杰小学发现，在诸如餐厅打饭、出入校门、大小课间等场合时段，罕见维持秩序的班主任身影，学生却行止有序，毫无乱象。

问及其中的奥妙所在，分管德育的副校长胡雄呵呵一笑，说是因为有了网格管理才有了这种无为而治的景象。

之前，网格管理这种提法只出现在某些企业、社区，黄杰小学杨继军校长认为，学校也可以通过网格管理，提升校园管理的品质。胡雄副校长用“聚沙成塔”这个词为例进行了解释。大家对这个词的惯性理解都是积少成多。而事实上，聚再多的沙，也只能成为沙堆、很大的沙堆，也不可能成为高塔。那么聚沙成塔怎么样才能成立呢？必须要让沙砾有一个质的飞跃，那就是建立结构。以前，作为德育管理者也好，作为班主任也好，工作中很少有人去思考德育的理论体系和结构框架的问题，但恰恰是因为没有理论体系和结构框架的支撑，德育工作就会沉迷于琐碎的实践，难以完成由沙堆到高塔这种由量到质的蜕变。有人会说，也有很多班主任在多年的实践当中，积累了很多有效的经验，但这始终只是一种散点式的经验。就像珍珠一样，即使是宝物，但如果不串起来，它就永远只是一颗珍珠。而如果能精心打磨、挑选，把这些珍珠串起来成为项链，它就升华成为一件艺术品。

所以，杨继军校长提出，德育部门就是要为学校的德育工作搭建一个结构框架，聚沙成塔，串珠为链，以此作为黄杰小学德育工作的顶层设计。这个框架设计出台以后，可以在全校实行模式化推行、差异化管理。意思就是说，总体上学校采用一种管理模式，但细节化的管理上提倡百家争鸣。既避免了德育工作毫无章法、随心所欲，也避免了千篇一律、个性缺失，让学校的管理不与班级的实际情况脱节，把总体管理的规范化与班级管理的个性化相结合。这就给年级组和班级一个自我发挥的空间，让班级的实情、自我的创新得到充分的尊重。

这个框架就是之后推出的网格管理。经过两年多的探索，黄杰小学的网格管理已经结出了丰硕的成果。

网格管理对于学生来说，无疑是一个新课题，它改变的不只是学生的学习方式，在不少时候，也变革了原有的教育形态。

据政教室唐艳主任讲，他们将整个学校看作一个大网格。这个大网格分成六个年级网格，每个年级又按班级建制分成若干班级网格，而在每个班级网格里，还有 4 人一组组成的学生网格。如班级人数不是 4 的倍数，如多出人员超过 2 个，则单独作为一个网格建制；如仅多出 1 人，则和某一 4 人网格整合为一个网格。所有的网格都有一个别有韵味的网格名。

班级网格管理有着类似于目前流行于不少学校的 4 人或 6 人不等的小组式管理的构建形式，但网格管理在理念上又与其有着本质上的不同。小组式管理在人员组成的时候，多是实行的异组同质、同组异质的方法，即在一个班内分成水平相对一样的不同小组，而每个小组则有高中低水平的明显差异，高者则在小组内有着领导权与教导权。

胡雄副校长出示了一张网格图，杨继军校长指着这张图上的一个个网格说，这些网格环环相扣，每一环都是同样的，而我们的网格管理的理念也是这样，在小组内不分优劣好坏，不给学生贴上三六九等的标签，公平地对待每一个学生，大家在人格上都是平等的。在网格中，任何人都是这个网格中的重要一环，不然，一个网格就会出现破洞，乃至让此前的努力功亏一篑。

这样,每一个学生都不会处于被遗忘的角落,都有存在的价值;当然,每一个学生也都有了自觉性与积极性。

不仅如此,即使师生也是平等的。如果把一个班看成由诸多小网格组成的一个大网格的话,老师在游离于网格之外的时候,各个小网格照样正常运转。老师如果参与某个网格的建议,也是以一般的参与者的身份出现的。学生可以听其言而信其行,也可以按原定规则照常运转。因为在网格系统内,师生只有长幼之差,没有尊卑之别。不过,老师并没有因此而完全置身事外,在某些关键性的环节,依然可以起到主导作用。

在网格中,每个人都是管理者,也是被管理者,随着时间的推移与方位的转换,管理者与被管理者的角色也在转换。管理者没有盛气凌人之势,被管理者也没有低人一等的感觉,由此形成的是一种民主和谐的人文景观。这既激发了每个个体的管理热情,也锤炼了被管理者的意志品质。这种双向的积极性与无处不在的管理网格,不但让所有管理不再出现疏漏,每个学生也在管理与被管理中,完善与提升了自身。而且,每个学生都是网格中的一环,就其个体而言,自然也有了一定的生命能量。可当环环相扣之后,就会形成“1 + 1 > 2”的更大的能量。而作为每一个学生,又都能从这个合力中感受到自己的幸福与成长。

俄罗斯著名教育家乌申斯基说:良好习惯乃是人在神经系统中存入的道德资本,这个资本不断在增值,而人在其整个一生中就享受着它的利息。是的,一个人如果养成了良好的习惯,就会一辈子享受不尽它的利息;如果养成了坏的习惯,则一辈子偿还不完它的债务。

(三)不断超越

一个有理想有追求的老师，绝对不会让生命在同一个平面上滑移，而是不断地超越别人，也不断地超越自己，从而创造出让人们惊诧不已的成就。

1. 史建筑的三个“超越”

史建筑老师

特级教师史建筑就是一位这样的老师。他从山东滨州北镇中学，走到北京十一学校，这绝对不仅仅是一种地域的变化，还有其精神的更加丰盈与文化的更大提升，他一次又一次地实现了生命的超越。可是，他依然继续努力，奔向更高的目标，从而实现更大的超越。

他认为，人要想活出点儿“味道”来，就必须不断地超越。在这方面，人应该在其他动物身上汲取生命的智慧。蝉的幼虫，在黑暗的地下蜗行摸索，有的长达 17 年之久。这种积蓄和忍耐是为了“生命的超越”——冲破黑暗，放歌枝头。蛹，耐得寂寞，经历阵痛，破茧化蝶，自由飞翔。其实，人的生命中也充满了大大小小的“超越”。其中有留恋、苦楚甚至窒息，当然也有欣喜、满足和成就感。

其实，宇宙万物有一个基本规则，历来甘与苦、幸福与磨难都是相辅相成的。没有生命的磨砺，就很难成就大的事业。孔子、司马迁等人都是经历了大苦大难的人，最终他们却有了精神生命的永恒。看来，没有巨大的波折与苦难，就很难产生本质意义上的生命飞跃。苦难之后，涅槃再生，生命就有了一个奇迹，甚至有了一种超越常人的巨大幸福。

史建筑回顾他的教育教学历程，认为有三个方面的“超越”：立足课堂，超越课堂，回归课堂；立足学科，超越学科，回归学科；立足教学，超越教学，回归教学。

从“立足”到“超越”，是对语文教学本质意义叩问、探索之后的一次飞跃。很多教师一生都没有这种飞跃。而有了这次飞跃，语文教学就有了“横看成岭侧成峰”的大气与雄阔，有了走向真正语文教学之“道”的从容。而从“超越”再到“回归”，似乎又回到了原点，但这次“回归”是寻到了语文教育真谛且进行了属于自己的实践跨越之后的生命审视，是在超越自我且超越一般语文教学思考之后的又一次升华。而在这个升华过程中，史建筑拥有了将自己的生命与语文教育融为一体的快乐。

“非新无以为进，非旧无以为守。”史建筑认为，超越绝不是隔断与传统固有的联系而一味地创新。在多数情况下，回归是为了更好地前行，前行是为了适当地回归。守正创新，是每一个有追求的教育工作者的成长原则。

超越不是对传统的彻底否定，而是对传统文化过滤之后的扬弃与“拿来”。“拿来”的是经典文化，且使自己从此有了生命成长的根基；扬弃的是低俗文化，且使自己由此拥有了识别真伪的一双“火眼金睛”。在这个基础上的创新，就因为有了厚重的文化积淀而活跃于现代教育领域，从而实现厚积薄发的历史性突破。

2. 陶继新的生命转折

我生命遭遇的波折之多、所受的苦难之重，是一般人难以想象的。那么，我为什么能够走到今天，并取得了一定的成绩呢？在很多地方，有不少人问过我这个问题，有一些人还建议我撰写自传。其实，我也想写自传，只不过不是现在，而是以后。不过，我觉得有几次重要的转折，让我的生命有了一定意义上的超越。于此，我简要地做了梳理，也许能给现在生命处于不佳状态或者虽好而不思考未来的人一个借鉴。

1955～1968 年，是留有我文化印记与生命磨难的第一个生命阶段。那是从小学一年级开始，一直到我高中毕业的阶段。因为“文化大革命”推迟毕业的原因，这个阶段持续了有 13 年之久。在我的记忆里，除了认真学习，更多的是挨饿。它让我从一字不识的懵懂孩童，变成了一个省重点高中郓城一中的毕业生；它也让我在极其困难的生活煎熬中，拥有了抗击磨难的能力。

1968～1978 年，是我生命中最艰难的十年。几乎每天都是，要么早起晚归于繁重的劳作之中，要么被关押于“学习班”或被批斗于大会上。可正是在这个时段，锤炼了我极其坚强的意志与百折不挠的精神，让我的生命有了一次超越与升华。

1978～1980 年，是我在济宁师专求学的两年。我如饥似渴地学习，成为学校学习成绩极其优异的学生。毕业考试，我的古代汉语与古代文学，都考了 100 分的满分。虽然只有两年时间，但学到的知识是一般人花三四年时间也学不到的。也正是从那个时候起，我与文化、与教育结下了不解之缘。

1980～1983年，我在曲阜师范学校担任班主任与《文选与写作》课教师。在近三年半的时间里，我着魔般地爱上了教学，也受到了学生的拥戴。同时，我参加了曲阜师范学院为期五年的中文本科函授，且成为优秀学员。我的学习热情持续高涨，教学研究也屡有成果，还在全国报刊上发表了一些教学论文。它为我以后从事教育编辑记者工作，奠定了较好的基础。

1983～1988年，我在《山东教育》先后担任编辑与文科组组长。在不断学习与研究编辑业务的同时，我开始接触并报道山东省内的优秀教师与名校长等。工作变换的同时，也让我的视野从一所学校扩展到整个山东教育界。

1988～1997年，我在《当代小学生》担任主编。从没有刊号的《当代小学生》创刊，到成为具有统一刊号的正式刊物；从没有发行量的起点，到后来的发行量多达268万，作为主编，我起到了很大的作用，也付出了很多心血。由我发起并牵头的"全国当代小学生作文大奖赛"等几个大型的大赛，以及"全国十佳少年齐鲁行"等活动，在全省乃至全国产生了很大的影响。由于绝大部分的时间投入到了办刊之中，学习的时间便少了。不过，我为山东教育社创造了巨大经济效益的同时，也大大提升了《当代小学生》与山东教育社的知名度和美誉度。

1997～2008年，我走上了山东教育社领导的岗位，先后担任副总编辑与总编辑，不久还兼任了《中国教育报》记者。在这期间，对于山东教育社中层干部的聘任、全社报刊的质量提升与扩大发行，发挥了不小的作用。同时，在工作之余，我重新燃起了学习的热情，并持续不断地进行了长篇通讯的写作。我的六本专著《人生的亮点》《面向未来的事业》《洒落教苑的思索》《教育先锋者档案》《治校之道——20位名校长的智慧档案》《非常父母》先后出版，演讲报告也由少及多、由省内到全国地逐渐多了起来。客观地说，在山东省乃至外省某些地方，已经有了一定的影响。

2008年之后，我有了突飞猛进的发展。尽管先后担任《教育文学》执行总编与《创新教育》执行主编，但并没有影响我的学习、采访与写作。每年发表的文章都有几十万字之多，仅《中国教育报》就发表了我的长篇通讯、对话文章等300多个整版，《新教师》还为我开设了《陶继新论道名师》专栏。这10年出版的著作40多本，相当于此前60年的7倍。更重要的是，我的精神状态比此前任何时段都好得多。自由的心灵、努力地学习、积极地采访、快乐地锻炼、积极地写作，让我几乎每天都可以听到自己生命拔节的声响。这10年，我才真正品尝到了幸福的要义。

其实，我的每一次生命转折，都可以写成一本很有故事性与感悟性的书，只是现在没有时间，也不是应该详写的时候。那么，在我每一次生命转折，尤其是向好的方面转折，且取得重大成绩的时候，是不是我所在的单位起了决定的作用？这不能说没有关系。但我认为，起决定作用的是个人，而不是单位。要回答这个问题，我可以谈谈三点感悟，也许能对读者有一定的启发。

第一，在任何艰难困苦的境况下，都不能在精神上垮掉，且不能失去善良的本性。在我看来，只要不倒下，任何的磨难，都是生命对自己的馈赠。它不但会让你更加坚强，也会让你更加善良。尽管当时我被整得死去活来，曾一度想到过报复。可是，随着时间的逝去、年龄的增长，报复心越来越小，直至全无，甚至有了感恩之心。如果没有人这么厉害地整我，我怎么会有如此的坚韧不拔？如此一想，我成了“天下无敌”的人，即我没有了敌人。即使有人把我当成敌人，我还是将其当成朋友，“四海之内，皆兄弟也”。如果有谁反对我、敌视我，我非但不记恨在心，反而以善相待。这样的人今天不会感到我的善念，明天也许可以感受到；明天感受不到，后天也许能感受到；即使终生感受不到，可我因为善以待人，有了坦荡心怀，心里便一片光明，有了幸福的终生相伴。

第二，始终不能放弃学习。我前面谈到的文化升值，虽然很多年前没有今天思考得如此深入，可对于学习，却总觉得会有作用。所以，不管在什么时候，不管在什么地方，即使在被批判的时候，我都一直与书为伴。

比如1970年到1973年，我曾独自一人拉起了装煤的1600多斤的地排车，穿行于山东、河南、安徽、江苏四省之间，历经无数磨难。有时歇足于深山旷野之中，夜闻野禽走兽的鸣叫；有时露宿于行路之旁或树荫之下，惊诧于呼啸而过的各种车辆的神速。

夜幕降临，破旧不堪的小店里鼾声四起的时候，我却如痴如醉地沉迷于书的世界；与汗味浓烈的拉车夫擦肩而过时，我正背诵着意境幽远的古代诗文。没有伙伴，也没有寂寞，只感到心里的愉悦与精神的充实。

两个春节，有家不能归。原先车来人往的公路上，节日里已是一片沉寂，而我正在这沉寂的异域他乡缓缓地拉车行进，低声吟诵着古代的诗词佳句。夜幕降临时，我才走进一家小店安顿下来。油灯之下，四壁寂然，我捧起了经典静静品读。

正是这种文化情结，才让我1978年参加高考的时候，考了很高的分数，并由此改变了自己的命运。

第三，要有一定的“立言”意识。任何人都不能永远存在于世上，可是，如果留有好的文章与著作，就有了不朽的意义。世界上很多大师，虽然已经逝去数百年甚至数千年,可因其著述尚在,就有了千古不朽的意义。我虽非大师,可是,虽不能至,心向往之。所以,总是想着写出更多有价值的文章,出版更多有意义的著作,留之于世。为此,我从来不借助我的名气与地位,让他人写好文章,然后署上自己名字,而是全由自己写成。于是,每有文章发表与著作问世,都会让我欣慰不已。虽然现在已经发表了1600多篇文章,出版了将近50本著作,但我依然在持续不断地写作,在力争写出更多作品的同时,也希望质量随之提升。这种动力并非来自外力,而是出自心中,于是,就有了持久的动力与特殊的幸福。

(四)走近审美

走近审美是超越习惯之上的一种更高境界。在我阅读的典籍中,或是采访的教师中,就有很多智者不但不断地为自己进行文化升值,而且还在这个过程中产生了特殊的审美情结。

1. 孔夫子的审美情怀

孔子在“修己以敬”的时候,他也一直致力于“修己以安百姓”,但有的时候并不能如愿以偿。看看他是如何说的:“用之则行,舍之则藏。”他还说:“无可无不可。”他六十岁的时候就能够“耳顺”,七十岁的时候更了不起了,能够“从心所欲,不逾矩”了。有学者说,孔子是乐感文化的代表。

在《论语》中,还有不少写孔子乐感文化的章节。比如有一天,叶公问子路,你的老师孔子是什么样的人呢?子路没有回答,因为他也很难用简要的话语来概括他的老师。回来后他告诉孔子这件事,孔子就对子路说:“女奚不曰:其为人也,发愤忘食,乐以忘忧,不知老之将至云尔。”意思是说,我不光忘食,还忘忧,不但快乐、没有什么忧愁,甚至连老了都没意识到。寥寥数语,就将自己的“乐感”情貌描述得淋漓尽致。他甚至说自己是:“饭疏食饮水,曲肱而枕之,乐亦在其中矣。不义而富且贵,于我如浮云。”他吃着粗粮,喝着凉水,把胳膊一弯当枕头,却特别的快乐。何以能够如此快乐呢?因为不正当的财富和官位,对于孔子来说,就像转瞬即逝的浮云一样。既然没有“义而富且贵”之求,甚至即使处在贫困之中也不失其乐,又何忧之有?这种超越富贵贫贱之上的“乐”,已经进入审美的境界之中了。所以,他说:“兴于《诗》,立于礼,成于乐。”意思是说,人的修养开始于学习《诗》,自立于学礼,完成于学乐。在孔子看来,学习的至高境界当是一种审美。

在孔子看来,身处逆境依然能够保持一种乐而忘忧情怀的恐怕就是颜回了。人们大多知道孔子称道颜回的一段话:“贤哉回也!一箪食,一瓢饮,在陋巷,人不堪其忧,回也不改其乐。贤哉回也!”大家看看,孔子认为颜回的品质多么高尚啊!一小筐饭,一瓢水,住在破旧的巷子里,别人都忍受不了这种穷困清苦,颜回却没有改变他好学的乐趣。在这种环境中生活,为什么还这么快乐呢?因为颜回追求的是精神的丰盈,他从孔子那里学到了最有价值的东西。外在生活的困难,对他的心灵已经构不成威胁。看来,“孔颜乐处”的快乐是具有超越一般意义上的快乐价值的。

《中庸》中有一段孔子之言:“君子素其位而行,不愿乎其外。素富贵,行乎富贵;素贫贱,行乎贫贱;素夷狄,行乎夷狄;素患难,行乎患难。君子无入而不自得焉!”在他看来,真正的君子,不管处于什么位置,都有一种乐在其中的美感。而司马迁在《史记·孔子世家》中谈到孔子研读《周易》时则写了“韦编三绝”四个字,我们再结合相传为孔子所作的《周易·系辞上》中所说:

“是故君子所居而安者，易之序也；所乐而玩者，爻之辞也。是故君子居则观其象而玩其辞，动则观其变而玩其占。”更可以照见一个审美情态的孔子。大家知道，《诗经》原本三千多首，后经孔子搜集并删减，才有了今天的“诗三百”。而《诗经》除了其“思无邪”之纯正外，更有了美轮美奂的诗韵、诗情和诗意。

孔子之乐，并非一种自然性的快乐，更不是阿Q自嘲式的快乐，而是一种具有高尚品格且又持久的审美快乐。它不是在专门追求“乐”的情况下实现和获得的，而是在日常生活中以一种平常的心态自然而然地获得的，具有生活的“无欲”、情感的“中和”和心灵的“宁静”等特质。

2. 孙绍振的幽默诙谐

孙绍振教授

近几年，我连续邀请福建师大文学院教授、博士生导师孙绍振在“名家人文教育高端论坛暨名师课堂研讨会”上演讲，并在会议期间与其多次交流，深感这位著名的文学理论家的博学多才，其幽默诙谐的语言风格，常常让人们情不自禁地捧腹大笑。而且，他的语言毫无低级趣味之嫌，而是一种高级智慧，呈示的是一位语言大师的气象。

于此，不妨例举他在演讲中的一段开场语，以供读者欣赏——

一次在上海演讲，孙教授在原定日期第二天下午才到会场，刚一开场，他就以道歉的方式说道：“来了以后就非常惶恐，因为我老家在上海，其实，我前天下午就到了，为什么今天才到会场呢？因为昨天我要面对亲情、友情。”一般人认为，说到此处，可以言归正传，开始演讲了。不料他停顿了两秒钟，接着又说道：“当然，还有比友情更多一点的情。”话语一结束，大家都心照不宣地笑出声来。他不但不笑，而且接下来又讲道：“还有一个原因，就是大家手里都有一本我的书《经典小说解读》，扉页上的照片啊，是十多年前在台湾拍的，那时我还不到七十岁，风华正茂啊！现在已经八十岁了，大家发现本人和照片不一样，就是一个老头子，害怕大家失望，所以昨天没敢来！”说完后，孙先生的脸已经是一朵盛开的鲜花，合不拢嘴地大笑起来。

于是，全场哄堂大笑，并报以热烈的掌声。

如此开场，听众马上精神愉悦起来，并产生了听之赏之的美感体验。

不过，不要认为这是孙教授苦思冥想出来的开场白，他的语言的妙道，几乎无处不在。百花文艺出版社出版了他的专著《口吐莲花：幽默自我训练50法》，其妙语连珠之大智慧，会让你感到这不只是一位语言大师，而且还是一位学富五车且又随处可以学以致用的智者。比如其中有这样一篇文章《论美女之婚不可证》，堪称世界上绝无仅有的证婚人演说词。孙教授说，朋友的孩子结婚，请他当证婚人，要求发表演说，要有趣，还要深刻。禁止讲空话、套话，要讲真话，讲出学者的水平来。他苦思冥想数小时，终于理清了思路。于是,他在现场热烈的氛围中做如下即兴发挥——

这么热烈的掌声把我捧到台上来,我实在禁不住有点惶恐。承蒙抬举,让我担当这么个荣耀的角色,但是,我觉得证婚人这个角色完全是浪费!都这么明媒正娶的了,又不是抢亲,更不是包二奶,大张旗鼓地隆重庆祝,来了上百的亲朋好友,要证明婚姻的确实,不是多此一举?在公元二千零一年的一天晚上七时三十分零一秒,新郎新娘在这个酒店里合法地结婚。经过省级医院著名医生检查,男方没有艾滋病,女方也持有居民委员会的权威的文件,日后绝对不存在重婚罪的可能。

如果这样明白的事还要证明,就说明主办婚事的家长,怀疑诸位来宾有夜盲症。

“文革”虽然一去不复返,但伟大格言仍然在耳:群众的眼睛是雪亮的,群众是真正的英雄,难道这么多英雄的雪亮的眼睛都不算数,都不能信任?只有我说了,才能算数?

这就不是抬举我,而是把我孤立起来,放在众人怒火的炉子上烤。

谢谢你们的鼓掌,谢谢你们由衷的笑,你们笑得越开心,我却越沉重。和这么多人的眼睛相比,我的眼睛不过是多了一副眼镜,有几百度的近视,有几百度的老花,再加上几百度的散光。不戴眼镜的时候,我的眼睛充满了诗意,有蜜蜂的复眼的功能,能把月牙儿看成复瓣的松子花,把一头的蛇看成多头蛇,颤抖的、血红的舌头像失了火的窗子里火焰纷飞。现在我就看见在新郎身边站着五六个新娘。

请诸位不要笑,我是非常严肃地怀疑着我这个职位的必要性。

但是,谦虚不是我的特长,我记得伟大的格言:谦虚使人进步,但是,在眼下可能是个例外。

证婚人的职责是"证",就是提供证据。或者是人证,或者是物证。人证,还用我来提供吗?在场的这么多人,还缺一个我吗?至于物证,将来生了孩子,就是证明。英国人说,手里拿着食品布丁,从理论上证明它就是布丁是很困难的,他们发明了一个经验主义的方法,说是"布丁的证明就是吃"。我们推演一下:结婚的证明就是孩子。有时孩子还不行,现在赖账的太多,就有了亲子鉴定的科学。但是,这也有十万分之几的误差。

科学不完全可靠,因为有些是间接证明,最可靠的是直接证明。

但是,什么都可以直接证明,只有结婚是例外,结婚与第三方无关,不允许参观。允许参观的就不是真正的爱情和婚姻。比如说,影视屏幕和戏曲舞台上,明明两个人没有什么感情,可是装得很像是堕入爱河神魂颠倒的样子,能装上五分钟,至多两个小时,让你看了流眼泪,要给个文华奖或者奥斯卡奖什么的。但是,这是艺术。爱情如果成了艺术,成了演戏,允许人参观,就是假的了。真正结婚,不欢迎直接参观,它是秘密的,一切动作都属于法律意义上的隐私范畴。

据说有一种毛病叫作偷窥癖,专门偷偷看人隐秘的行为。你们不至于就指派我干这个吧?

站在证婚人的位置上,我就只有以下几种选择:

第一,对于此项职责持"吊儿郎当"的态度,其结果,说文雅一点,就是渎职,等着我的是撤销职务的处分;第二,硬着头皮执行任务,免不了要被当成心理不健全的偷窥癖的患者,名誉受到损害;第三,由于偷窥,而承担严重的法律责任，例如民事拘留数天之类；第四，为了避免上述的尴尬局面，主动申请充当有职无权的傀儡：日后离婚诉讼，让我出庭作证，我本着实事求是的原则，只说一句话：我什么也没有看见。

结婚是两个人的自由，自由是不需要任何人来证明的。这是“五四”先驱所追求的恋爱婚姻自主的理想。这一点自由虽然看来真是微不足道，可要真正实现，却花了上千年的时间，以无数的梁山伯祝英台和罗密欧朱丽叶的悲剧为代价，至今还没有彻底实现。

虽然笔者没有将其全文抄录，但相信读者已经领略到了这位大师的风采。其实，他并没有在婚礼上如是而讲，孙教授说：“我把思路整理到这里，觉得很是兴奋，总是有点惴惴。这样的演说，尽管句句是真话，但是，仍然显得有点煞风景。也许是因为真理总是赤裸裸的，而在大庭广众之间，不能没有伪装，或者包装。想来想去，不禁心虚起来。到了婚礼上，一看那欢乐的场景，我就胆怯了，当机立断把准备好的一切完全放弃，临时按着流行的老一套，说了些祝新郎新娘白头偕老、永结同心的废话。”

不过，从前面“准备好的”证婚词来看，能像孙教授如此幽默风趣且具有大智慧者，真的是“几希矣”！因为他的言语，看似带点调侃的味道，其实都摇曳着审美的风景。有时与他在一起吃饭，听他天南海北地神聊，常常忘了佳肴之美味，而全神贯注地品尝其精神的美味。在一次又一次的笑声里，感受其超人智慧的审美情结。

3. 孙双金的情智课堂

著名语文特级教师孙双金，他自成一派的“情智教育”在全国产生了广泛的影响,笔者有幸与他通过 QQ 对话十天时间,并据此整理出版了《情智教育十日谈》一书,对其情智教育有了一定的了解。而听他上了十多次课,则对其独具特色的情智课堂,产生了深厚的兴趣。不管在什么地方上课,不管是给哪里的学生上课,只要孙双金走上课堂,很快,孩子们便在他的引领下,兴趣盎然地爱上了学习。

那么,究竟什么是情智课堂呢?

孙双金老师

孙老师用"四小课堂"对此进行了形象的概括——让孩子"小脸通红、小眼发光、小手直举、小嘴常开"。"小脸通红"指向学生的情感领域。只有当教学触及学生情感的琴弦,激发学生学习的欲望,引发学生学习的兴趣,学生兴奋起来时,才会"小脸通红",否则只会小脸无神。"小眼发光"指向学生的智力领域。只有当学生智慧的火花被点燃的时候,当学生情感的闸门不断开启的时候,学生才会"小眼发光",否则只会小眼发直、小眼发呆。"小手直举,小嘴常开"指向学生的参与领域。

"四小"只是一种外在表征,而内在的是孩子情趣的浓烈与思维的活跃。小孩子是最不会掩饰的,如果教师课上得不好,他们则有可能出现另外的"四小"——"小脸无色、小眼无光、小手不举、小嘴不开"。但凡孩子精神状态不佳的课堂,不管老师讲得如何天花乱坠,都不是好的课堂。相反,如果学生积极活跃,有的时候教师讲得少了点,反而可能是一节好课。可以说,孙老师的“四小课堂”,应当成为评定课堂教学的一个重要标准。

所以,孙双金主张课堂是学生主动学习的场所,学生是学习的主动者,课堂上理所应当让学生畅所欲言,自主互动。在和文本、教师、同学的互相对话中,让学生充分地说出他们的所思、所惑。问题让他们去提,问题让他们去议,答案让他们去辩,结论让他们去得。他说,情智课堂是“登山课堂”:追求课堂上学生紧张的情智生活,要让学生“大脑流汗”、心灵登山,通过课堂学习,在知识、能力、思维情感和人格上皆得到登山式的发展。登山的过程是体力得到锻炼、眼界得到开阔、心情得到陶冶、人格得到升华的过程。上课的过程是智力得到开发、能力得到培养、情感得到陶冶、人格得到提升的过程。登山的乐趣在过程中。从山脚开始攀登,逐步登上山腰、山顶,你会感到“会当凌绝顶,一览众山小”“无限风光在险峰”。虽然登山艰辛,但乐在其中,乐此不疲。上课的乐趣也在过程中。好课特别强调学生经历过程,经历由不知到知的过程,经历由不会到会的过程,经历由不能到能的过程。让学生的思维和情感经历“山重水复”“柳暗花明”,体验“豁然开朗”的快乐。学习虽然艰辛,但乐在其中,其乐无穷。上山是体力锻炼,上课是脑力锻炼,但两者道理相通,从登山中可以得到诸多启迪。攀登什么山?是登小山还是登高山?大多数人会选择巍峨的泰山、险峻的华山。课堂上登什么山呢?孙老师认为,要攀登“三座大山”:一座是知识的高山,因为知识是基础,知识是力量;一座是思维的高山,因为思维是能力的核心,是创新的关键,没有思维难度的课绝不是一堂好课;一座是情感的高山,课堂要让学生感受什么是真正的真、善、美,让学生的情感经受洗涤,得到净化。路径由谁选择?可由导游带领,可由登山者自己寻找。从大道上山,大道石阶早有前人铺好，两旁人文景观集中，走得顺畅，看得舒服。从小道上山，虽然崎岖，虽然艰辛，但可体验历险的快乐，获得征服的快感。从悬崖攀登，虽然悬崖陡峭，充满危险，但攀登自有攀登的乐趣，只有勇敢者才能独享其中的滋味。学习的路径由谁选择？是老师包办代替，还是让学生自主确定？学习的路径不是“自古华山一条道”，而是“条条大道通罗马”，不要做那蹩脚的导游，只会亦步亦趋。放手让学生去思考，去选择，去尝试，去探索。碰壁又何妨？摔倒又怎么样？学生就是在摔倒、碰壁中找到正确的路径的。“失败乃成功之母”，错误乃正确之父也。错误也是学生人生体验的资本。“不是一番寒彻骨，怎得梅花扑鼻香”呢？怎么上山？可由自己走着上，可由别人抬着上，也可以坐着缆车上。坐着缆车上也能到山顶，但看不到沿途的风光，享受不到登山的快乐；别人抬着上无须自己用力，可肢体没有得到锻炼，身心没有得到发展；自己走着上，边走边看，既动脑又动脚，享受登山的快乐。上课呢？教师告诉学生，学生也能掌握知识，但“纸上得来终觉浅，绝知此事要躬行”。教师领着学生学，学生不会迷失方向，但学习方法是现成得来，不是自己建构，终不牢靠。而经过自己主动探索尝试解决问题，建构的知识结构、能力体系、情感价值才会终生难忘。好课像登山，是因为学习者是登山的主人，经历了发展的过程，体悟了学习的快乐！

4. 虞大明的快乐教育

“作业繁重，考试频繁”是套在中小学生身上的无形枷锁，而且很难摆脱，这种情况城镇的重点学校尤其严重。因为学生必须参加统一考试，还要有好分数。这些东西对学生的生命成长非但没有太大的益处，有时还会成

虞大明老师

为一种阻碍。这样做的结果,不只是孩子的快乐被剥夺了,更好成长的权利也被剥夺了。因为这些作业的质量不高,考试的价值不大,耗费的时间又多。而每一个人都只有一个童年,本应当可以快乐成长的时候,却有了精神的压抑与作业负担。于是,就有了减负的呼吁。可是,减负减什么,有人又走入了怪圈,不是减去学生的心理压力,也不是减去没有意义的教师之讲与过多的学生作业,而是减了学生应学的知识与良好的学习品质。一个学期只学二三十篇大多并不深奥的课文,"多乎哉？不多也!"所以,减负减什么,增效增什么,如何做到增效后又让孩子快乐成长,则是我们需要研究的一个问题。

著名特级教师虞大明对此有其自己的思考。他认为,关键还是在于孩子学习生活是否快乐。若是快乐了,负担又从何而来呢？快乐教育,首先呼唤快乐教师、阳光教师。谁都知道,"怨妇"式的教师是永远不可能呈现快乐教育的。因此,实施快乐教育,首先要修炼教师的心境和心态——心中有阳光,时时处处都快乐。熟识虞大明的人都评价他是个开朗、开心的人,是个能给别人带去快乐的人。他很享受并珍惜别人的评价。因此,他一直都没停止过自我修炼,比如"微笑着面对每一个孩子""笑对孩子的优秀,更笑对孩子的错误""用孩子的方式解决孩子的问题"等。下面这个故事虞老师经常自豪地提及：

他是个绝顶聪颖的小男孩。正因为聪明，所以经常会制造出一些“恶作剧”来，耍耍伙伴，甚至是老师。那天早晨，他早早地就在我办公室门口恭候了。见着我，便塞给我回家作业本，一溜烟地跑了。这小家伙，回家作业里肯定有文章！果然，在造句作业中，我读到了“杰作”：虞大明村长不但自己科学致富，还带领全村人致富，真是一个好村长。应该说，这个句子不论从语法还是价值观，都是无可挑剔的——如果有这样的村长，绝对是村民的福分。可问题是，我是教师，并非村长。哈哈，这小家伙！我隐约觉得，挑战来了！机会也来了！请他来，批他一通？跟他说理？告知家长？我总觉得，不能那样做，说不定，他正等着这些呢！只能另觅高招。思索良久，一条妙计顿时浮现心头——我拿起红笔，涂掉我的名字，写上他的大名。然后，认真地打上红勾，还画上了一个笑脸，将本子交还给他。这就是“以牙还牙”式的报复。“后果”可想而知。当天晚饭后，我接到了孩子他爸打来的电话。电话中，他爸情绪激动，说今天儿子特别兴奋，一个劲儿地说大明老师怎么怎么报复他，大明老师怎么怎么可爱，大明老师怎么怎么好玩。他爸还喜滋滋地说：“儿子信誓旦旦说他要好好学语文，因为大明老师太有意思了。”听得出来，他已经对我佩服得五体投地了！从那以后，他成了我的影子，与我形影不离。更奇怪的是，那样的“恶作剧”我再也无缘遇见了。我知道，这样的孩子，本没有恶意，无非是想凭借这些小花招，引起老师的充分注意罢了。我也知道，这样的孩子不能跟他动真格的，更不能沉下脸来厉声斥责。那样，倒是真中了他设下的圈套了。我更知道，那样的“后果”归功于我甜蜜的“报复”。

“若是快乐了,负担又从何而来呢?”说得好!中国有一个成语,叫“乐此不疲”,也是说的这个意思。有的教师比一般教师多干了很多工作,可是,由于是一个乐天派,且感受到多干的意义,所以他并不感到累,甚至非常轻松。相反,有的教师干得比较少,可是,由于牢骚满腹,看人看事都不顺眼,结果一点儿也不轻松,甚至很有压力。而且,老师的状态,又直接影响着学生的状态。一个不快乐的教师到了课堂上后,学生的心理也会紧张起来。不管这个老师如何想教好课,效果都不会理想。相反,如果老师精神抖擞,满脸阳光,学生也会心理轻松,学习起来也就有了高效率。所以,我提出一个命题,叫情绪高效,或情感高效。而且还写了一篇文章,重点谈了情绪对教师教与学生学的影响力。所以,真正优秀的教师,就要不断地进行自我修炼,让自己成为一个阳光灿烂的人,成为一个释放正能量的人。

那个绝顶聪颖的小男孩的“恶作剧”,如果换作其他教师,则有可能火冒三丈,对小男孩大加惩罚。如此之后,这个小男孩不但没有了快乐,而且也对教师有了畏惧感,以致产生怨恨,从此学习状态就可能一蹶不振了。虞老师很艺术地处理好了这个问题,因为他知道,这个男孩并无恶意。其实,不少学生的“恶作剧”,都不是什么道德问题,只是试图引起教师或同伴的注意罢了。如果正确对待,善于疏导,则会让这种“恶作剧”结下甜蜜之果。所以,教师心里觉得学生可爱,自己快快乐乐,好的教育艺术也多能应运而生。

人类存于宇宙之间,虽然时间短暂,却应当因为生而为人感到快乐。有了这种感觉,就会在看到任何事物时都会生出一种特殊的美感。即使每天的日出日落,也并不认为只是太阳的循环往复,而是一个又一个新的景象的呈示,美轮美奂,妙不可言。比如我在山上锻炼的时候,身处林木绿色之中,空气清新,如果再背诵经典文本,就感到有一种自然美、人文美与自己心灵之美的和谐,快乐无比,幸福莫名。

也许有的人会说,我怎么就是感觉不到这种美呢?其实,“美是到处都有的。对于我们的眼睛,不是缺少美,而是缺少发现”(罗丹)。如果进一步地想一想,对于美的发现,更多的还不是在眼睛上,而是在心灵层面上。一个心灵快乐的人,就会发现更多的美,甚至在一般人看来无美可言的事物,他都可以感受到美的存在。而一个真正发展到一定层次的人,往往拥有这种审美心灵。而有这种审美心灵的人,又反过来可以发现更多的美。这种良性循环,久而久之就会使人一生处于幸福之中。

与教师互动

问:陶老师,您谈到要优化情绪,我们也感到优化情绪特别重要,但往往不知具体的方法是什么。看着您这么快乐,觉得您一定特别善于优化自己的情绪。那么,请谈谈您优化情绪的方法好吗?

答:好的。

我优化情绪的方法主要有两个——

第一个是上山锻炼。只要在济南,我每天都要上山锻炼,春节也不例外,下雨下雪也不中断。为什么呢?上山之后,可以与自然融为一体。自然滋润万物,也包括人。没有自然的滋润,就不会有人的精神的丰盈。同时,我上山的时候,一般来说,还会出一些汗。我认为,我们每天身体都有毒素产生,如果不及时排出,就会毒害身体,甚至酿成大患。那么,怎样才能将毒排出来呢?人身上之毒,除了通过大小便排泄之外,另一个渠道就是出汗。出汗排的不只是肌体之毒,还有情感之毒。在上山出汗且与自然合而为一的时候,即使有点不愉快,也都会抛至九霄云外。情感之毒是隐性的,却又是致命的。天天排毒,就会无毒一身轻,精神也会特别好。

知道了这个道理,就必须每天排毒,即每天出汗锻炼。我经常外出讲课,每到一地,就留意锻炼的最佳去处,甚至进行专门考察,一有时间,就直奔目标而去。所以,我尽管出差时间特别多,但每天锻炼的时间并没少。而持之以恒的锻炼,又反过来使我始终保持了旺盛的精力,身体也特别健康。

第二个方法就是精神胜利法。弱者击败强者,在很大层面上是用的精神胜利法。不过,如果高层次的精神胜利法行之不通,我还有一个阿Q精神胜利法,这是精神胜利法的底线,却屡试不爽。就是在一般人看来对自己特别不利的事情,甚至会由此大发其火,我却往往会迅速地从另一个视角考虑,发现还有对自己特别有利的因素,于是,释然而笑,很快高兴起来。

优化情绪的方法当然不止这两个,而且人之不同,方法也就各异。我所谈的这两个方法,只是给大家提供一点借鉴而已。

问:陶老师,您让我们放下这放下那,可是在评定职称等一些事关我们声誉与收入等大问题的时候,真的很难想开。陶老师,您也参加过职称评定,也许遇到过和我们一样的问题,特别是遇到您也要上,别人也要上,可只能选其一的时候,您是如何做的呢?

答:职称评定,对于老师而言的确比较重要。但是,比起一生的幸福,就未必那么重要了。我是1999年评上的编审(正高)职称,其实1997年我就有资格参评了，包括我在内，当年有三个具备参评资格者。但是，只有一个指标。我说，我不参评了。有人很不理解，对我说，陶老师，您是教育社领导，成果也多，有着明显的优势，为什么主动放弃呢？其实，我也希望当年评上，可是，其他两位虽然不是领导，年龄却比我大，人品也好，在与我的竞争中，他们一旦失败，对他们的打击可想而知。所以，我决定放弃。结果，其中一个年龄大的老同事评上了编审。1998年再次参加职称评定的时候，我认为应该没有问题了吧。结果，还是只有一个指标，而且有资格参评的只有两个人，除我之外，那一位就是1997年没有评上编审的老同志。于是，我又毫不犹豫地放弃了。有人就更加不理解了，甚至认为我愚不可及。因为当时的工资是两年一个级差，他们两位正好比我高了一个级差，每月比我多了500多元的工资。不过，我并没有感到自己因此而吃亏，反而认为自己沾光了。因为1999年有资格参评的同事多达十几个，包括我们的社长也参评了，可上级只批给一个连评加聘的指标。我当时还不是总编辑，而是副总编，不过，我却是所有参评人员中拥有副编审时间最长的人，我一参评，毫无疑问地评上了。如果我1998年参评，那个老同志很可能评不上，只好于1999年参评，估计也很难评上。那样的话，我就会非常愧疚，由于我一年没有放弃参评，很可能让他终生评不上编审。况且，我们住在同一个宿舍院里，每天都要见面。那么，我会长期为此感到尴尬与惭愧。长期的尴尬与惭愧，会有损身体健康的；长期的不健康，甚至有可能缩短生命的长度。如果少活三四年，工资会少多少？况且，生命的价值更大。从这个角度考虑，我虽然让了两年，其实我的收获远比失去的要多得多。我心情好，身体好了，又得到了别人的称赞，真是一举三得！

老子说："后其身而身先，外其身而身存，非以其无私邪？故能成其私。"

先人后己,会损失一些利益,但从终极结果看,却会获取更大的利益。我是这样想的,从经济收入讲,我是少了一些;可是,从精神收入讲,我又多了不少。精神大于经济嘛!事实也是如此,此后每每想起这件事,我都为自己的决定感到自豪。这种自豪情绪不断地滋养着我的心灵,提升着我的幸福指数。大家看看,我不只是一个快乐的人,还是一个特别聪明的人吧!

问:据说,陶老师喜欢编辑记者工作,对当官不太感兴趣,放弃过在一般人看来非常好的机会,甚至给教育厅厅长写过辞职信。不知这种传说的真假?如果您不在意的话,能不能谈谈这些问题?

答:没有什么不可以的,这也是许多人知道的嘛!

首先声明一下,我并不主张让大家全然不要走入官场。其实,没有官就没有民,没有好的官,我们的生活也不会如此好。我认为,有些人是可以走入仕途的,而且会走得很好。但是,人各有好,我对编辑记者工作就情有独钟,在做官与为学方面,我更加喜欢后者。不是说自己多么高尚,就是感觉自己更加适合为学而已。

但是,我并不是没有当官的机遇,只不过放弃了罢了。山东省教育厅有一个老厅长,叫高维真。这是一位很了不起的干部。退休那年,他屈指一算,全家只有2万元的存款,这是他和夫人工作几十年所剩下的全部积蓄。

就是这样一位德高望重的好干部,在58岁的时候,他提前到省人大担任常委和科教文卫委员会的副主任。临行前,他找我谈话,希望我能跟着他到那里工作,那样的话,可以立即提拔我为处级干部。那个时候,我连科级干部都不是,只是《山东教育》的一个编辑而已。可是,令高厅长没有想到的是,我拒绝了他。后来,他又找我谈了两次,希望我从发展前途考虑,最好到省人大工作。我非常感谢高厅长的信任，但是，我太爱我的编辑记者工作了。这也许令他失望与不解。后来，听时任山东教育社领导的鞠庆友讲，高厅长还找过他，让他做我的工作。鞠社长对我特别了解，便直截了当地对他说，陶老师不是想当官的人，就让他搞业务吧。

后来，大家知道了，1997 年 5 月，我被山东省教育厅提拔为山东教育社副总编辑。但是，我没有因此而特别高兴，一心想做一个有良知且有影响的编辑记者。五六年间，我向教育厅的领导多次提出辞职请求，仅给教育厅齐涛厅长的口头与书面辞请就有五次之多。这里，不妨把我于 2003 年 6 月 23 日给齐厅长的信的部分内容公布如下——

齐厅长：

很想当面给您谈谈，但您实在太忙了，只好借用书信这一古老的载体。

前一段时间在千佛山大酒店，您同山东教育社新老班子相聚时，我就向您提出过自己的请求——只在《中国教育报》记者站工作，辞去山东教育社领导的职务。当时虽也陈述了一些理由，但总是太过匆忙，场合也不太适宜。我之所以提出这一请求，也是思之再三，并非一时心血来潮。

从山东教育社特别是教育厅的工作考虑，从我个人的爱好考虑，只在《中国教育报》记者站工作，当是一种最佳选择——

教育厅对我的信任，特别是您对我的厚爱，我一直铭记在心，也总是希望为宣传山东教育尽更大的责任，以不辜负这份特殊的关爱。目前，我们省的教育有着非常丰富的经验，特别是一些关乎全省决策意义的典型经验，但还没有真正走向全国。尽管新闻消息不断地见诸《中国教育报》，但如上海记者站沈祖芸等记者所报道的有一定力度的文章寥寥无几，难以引起轰动效应。作为《中国教育报》山东记者站的负责人,我常为有负重托而自责。但山东教育社事务性的工作过于繁杂,令我难有较多采访写作的时间。所以,恳请厅领导给我一个"将功补过"的机会,在退休前的四五年间,让我竭尽全力地将山东教育的重大典型推向全国。这样,对于教育厅的工作也是一个支持。

人的爱好与追求不一样,我喜欢读书与写作,将其视作生命不可或缺的一部分。如果让我专门从事记者站的工作,也是领导对我的关心与照顾;因为我可以有更多的时间读书与写作。至于我在记者站的职务问题,请领导尽管放心:让我担任一定的职务可以,让我只当一个记者也可以。既然我决心辞去山东教育社领导的职务,就没有将目光盯在为"官"上。冰心老人说:"生命从80岁开始。"我的第二个人生,就让我从55岁开始吧。

对于山东教育社,我会永远心怀深情的,因为我与她风雨同舟了20年。我将一直关注她的变化与发展;但这种关注将有另一种内容与形式,"不在其位,不谋其政"这一古老的哲言我会守持不变的。对于领导班子的工作,我会给以全力支持;但对于班子的决策,将不会有任何的干预。我只以一个一般职工的身份,行应有之责;并以一个作者的身份,为山东教育社的报刊写出更多具有一定质量的文章。《现代教育导报》自7月份始为我开设的《视点》版面,我会将其办成报纸的一个亮点、一个读者的关注点。从这一个角度,为提高山东教育社的声誉做点工作。

齐厅长,我想尽快走进所求的角色之中去,诚望您和厅党组认真考虑我的请求。

大家知道,齐厅长没有答应我的请辞,后来,还把我从副总编提拔为总

编辑。从心里说,我特别感谢齐厅长,他的为人,他的学识,特别是他对我的信任与宽容,都令我特别感动。但是,我对编辑记者工作太热爱了,所以,就有了令很多人百思不得其解的辞职之举。

问:我是一位特别好强的人,事事都想领先,样样都想得到,心里总是不满足,所以,常常怨天尤人,甚至生气。陶老师,您能不能给我排解一下?

答:适当的不知足是必要的,这可以促进你不断地学习与前进。但是,过分追求,样样不知足,就有点问题了。凡事都要有一个度,过犹不及嘛!老子说:"祸莫大于不知足,咎莫大于欲得。"人的欲望一旦膨胀,就会生出祸患。有一首诗在西方感恩节期间广为流传。读了这首诗,你会发现,生活中一切的不如意其实都有积极的一面,明乎此就可以知足常乐了——

有每夜和我抢棉被的伴侣,因为那表示他(她)不是和别人在一起。

有只会看电视而不洗碗的青少年,因为那表示他(她)乖乖在家而不是流连在外。

我缴税,因为那表示我有工作。

衣服越来越紧,那表示我吃得很好。

有阴影陪伴我劳动,那表示我在明亮的阳光下。

有待修整的草地、待清理的窗户和待修理的排水沟,那表示我有个家。

能找到最远的那个停车位,因为那表示我还能走路,且还有幸能有辆车。

有巨额的电费账单,因为那表示我冷气吹得爽。

教堂礼拜时我身后有五音不全的女士,因为那表示我还听得到。

一堆衣服要洗烫,因为那表示我有衣服穿。

一天结束时感到疲劳和肌肉酸痛，因为那表示我有拼命工作的能力。

一大早被闹钟吵醒，那表示我还活着。

最后，感恩过量的电子邮件，因为那表示有许多朋友会想到我。

当你觉得人生很糟，就再看一遍吧！

问：我的心理状态不错，有的时候还可以做到宠辱不惊。可是，我几乎天天夜里两点以后睡觉，日高三竿才起床。我的夫人说我身体不好，就是生活没有规律造成的。陶老师，可您说做到宠辱不惊有益于身体健康。请问，究竟哪一种说法正确呢？

答：我说得不错，你夫人说得也正确。做到宠辱不惊，是身体健康的必要条件，不是充分条件。打造一个好的身体，不但需要心理健康，还要做到生活有规律。《黄帝内经》要我们“起居有常”，《周易·系辞》则说：“与天地相似，故不违。”人不能与天地作对。白天何以是明亮的？晚上何以是黑暗的？那就是天告诉我们，白天要工作与活动，晚上要休息和睡觉。不然，就会受到天的惩戒。我有一个朋友，在十多年前就一直是白天睡觉，晚上写作。而且振振有词地说，晚上效率高，白天写不好。可是，前不久，我给他打电话的时候，才知道他得了脑血栓，休说写作，就是行动也非常困难了。其实，好多年前我就劝过他，谈过这个道理。但是，他全当耳旁风。现在，再谈此话，他已悔之莫及了。所以，我劝你听你夫人的话，从今天开始，让自己的生活规律起来。

问：陶老师，您在报告的时候说，您曾不止一次地受到嫉妒的伤害，但是，您从来没有报复过，您一一宽容了他们。您可不可以给我们举一个例

子，说说究竟遭到了什么嫉妒，您又是如何对待的？

答：好的。就说说1996年的一件事吧！那一年，是我担任《当代小学生》主编的第八个年头，月发行量已经超过250万份，刊物的质量也有了很大提高。而我呢，也在一些方面有了不小的发展。我的一个同事，因此心生嫉妒，就想发泄一下。用什么办法呢？诬告！于是，一封写着我很多条“罪行”的匿名信投向山东省纪律检查委员会。为了让上级确信，诬告者还煞有介事地编造了一系列的“犯罪”细节。后来，就有了山东省纪律检查委员会的一个《关于陶继新同志问题的通报》。教育厅党组高度重视，专门研究且组织了专案组进行调查。其间，教育厅的领导还不止一次地找我谈话，了解情况。在一般人看来，陶继新完了！其实，我一点儿也没生气，更没有惊慌失措。为什么呢？我知道，所有的谎言都会在事实面前变得一文不值。我从容地回答领导的询问，一如既往愉快地从事自己的工作。调查的结果可想而知，教育厅还了我一个清白。更令我想不到的是，此后不久，教育厅党组研究决定，提拔我担任了山东教育社的副总编。

大家看看，我这样的人能成为领导吗？一般是不可能的。从来不找领导汇报情况，更不用说和领导私下拉关系了。是不是与这次我的这个同事的诬告有关不得而知，但有一点是事实，正是因为这次被诬告，领导从更多的方面更加了解了我，同事们也更加信任我了。

当了山东教育社领导，也没有特殊的高兴，还是那个陶继新，与当时受到诬告、被调查时的陶继新没有什么两样。

有的人说了，陶老师当了领导，好好整整那个诬告你的人。确实有人对我说过类似的话。这个时候，我都轻轻地一笑。因为我知道，说这话的人是因心怀不平才说的。但是，我没有打击报复，一点儿也没有。大家想不到吧？在与这个诬告者有关的一些大的问题上，我还真的帮了他大忙呢！也许有人会说，陶老师你太没有原则了。不是。这个同事原本就是我的朋友，他只是一时之错，做出了也许令他一生都后悔的事情。我不能用他当时的心态，去做与他相似错误的事情。那样的话，就不是我了，就没有一以贯之的心灵的健康了。

我们到寺庙去的时候，往往看到这样一副对联："有容乃大容天下难容之事，笑口常开笑天下可笑之人。"它在告诉我们，一定要有一个博大的胸怀，特别是要有一颗宽容之心。所以，请大家千万要有一颗宽恕之心。它给你带来的是心灵的平静、精神的安适。在平时与同事相处的时候，往往会出现这样那样的摩擦，一定不要你治了我，我一定再治你！不能以其人之道，还治其人之身。我们想想，为什么有天空的辽阔、高山的巍峨、大海的浩瀚？这是因为，天空收容每一片云彩，不论其美丑，故天空广阔无比；高山收容每一块岩石，不论其大小，故高山雄伟壮观；大海收容每一朵浪花，不论其清浊，故大海浩瀚无比。